나혼자
끝내는
**태국어
단어장**

나혼자 끝내는 태국어 단어장

지은이 피무
펴낸이 임상진
펴낸곳 (주)넥서스

초판 1쇄 발행 2020년 10월 26일
초판 5쇄 발행 2023년 8월 1일

2판 1쇄 인쇄 2024년 10월 25일
2판 1쇄 발행 2024년 11월 5일

출판신고 1992년 4월 3일 제311-2002-2호
주소 10880 경기도 파주시 지목로 5
전화 (02)330-5500 팩스 (02)330-5555

ISBN 979-11-6683-956-6 13730

출판사의 허락 없이 내용의 일부를
인용하거나 발췌하는 것을 금합니다.

가격은 뒤표지에 있습니다.
잘못 만들어진 책은 구입처에서 바꾸어 드립니다.

www.nexusbook.com

NEXUS　THAI

독학 맞춤형 학습 부가자료
• 원어민 MP3 •
• 단어 암기 동영상 •

나 혼자 끝내는
태국어 단어장

피무 지음

넥서스

태국어 단어 암기비법

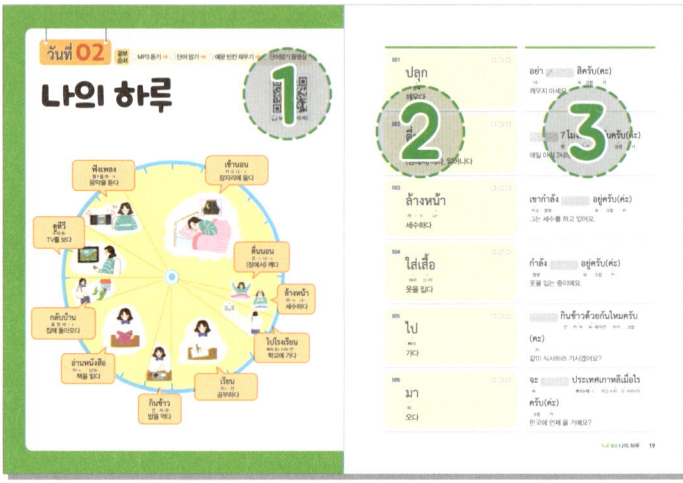

1단계 MP3를 들으며 발음 확인

먼저 MP3를 듣고, 단어의 발음을 확인하세요. 스마트폰으로 QR 코드를 스캔하면 MP3 파일을 바로 들을 수 있습니다. 넥서스 홈페이지에서도 MP3 파일을 무료로 다운받을 수 있습니다.

무료 다운 www.nexusbook.com

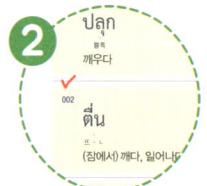

2단계 핵심 단어에 눈도장 콱!

001~491의 번호가 붙어 있는 핵심 단어를 먼저 외우세요. 복습할 때는 한 손으로 단어 뜻을 가리고, 태국어만 보고서 뜻을 맞혀 보세요. 복습한 단어는 체크 박스에 V 표시를 하세요.

3단계 예문 빈칸 채우기

핵심 단어를 2회 반복 암기한 다음에는 예문의 빈칸에 단어를 직접 써 보세요. 손으로 직접 써 보면 눈으로만 외우는 것보다 훨씬 기억에 오래 남습니다.

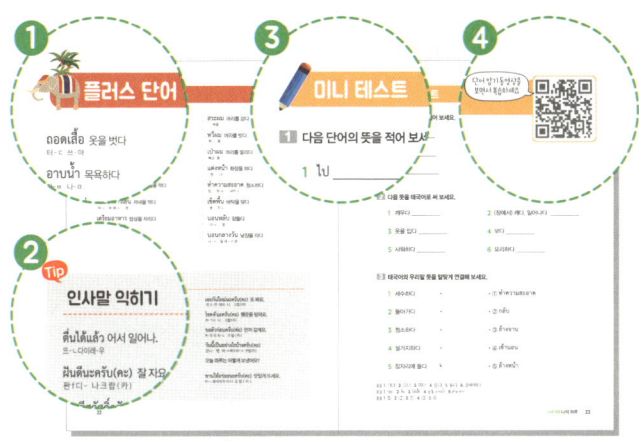

❶ ❷ 플러스 단어와 Tip으로 어휘력 보강
핵심 단어를 외운 다음에 좀 더 난이도가 있는 단어에 도전해 보세요. 일상생활에서 활용도가 높은 단어들입니다.

❸ 미니 테스트로 실력 확인
문제를 풀면서 실력을 확인해 보세요.

❹ 단어암기 동영상으로 복습
세 번 봤는데도 단어가 잘 안 외워진다고요? 그렇다면 단어암기 동영상을 무한 반복해서 보세요. 깜빡이 학습법으로 단어를 자동 암기할 수 있도록 도와줍니다.
무료 다운 www.nexusbook.com

스마트폰으로 책 속의 QR코드를 스캔하면
MP3 파일과 **단어암기 동영상**을 확인할 수 있어요.

먼저 MP3 파일을 들어 보세요.

단어암기 동영상으로 무한 반복 복습!

자가진단 독학용 학습 플래너

이 책은 30일 만에 약 2,000개의 태국어 단어를 암기할 수 있도록 구성되어 있습니다. 학습 플래너에 공부한 날짜를 적고 체크 박스에 V 표시를 하며 공부하세요. 외운 단어를 잊어버리지 않는 방법은 여러 번 반복해서 외우는 것밖에 없습니다. 특히 초급 단계에서는 어휘력이 곧 태국어 실력이니 태국어를 잘하기 위해서는 단어 암기가 매우 중요합니다.

열심히!

공부 순서: ✔MP3 듣기 ➡ ☐ 단어 암기 ➡ ☐ 예문 빈칸 채우기 ➡ ☐ 단어암기 동영상

Day		Page	공부한 날	복습 1회	복습 2회	복습 3회	단어암기 동영상
★	★★★ 태국어의 주요 특징	010	월 일	✓	✓	✓	
01	★★★ 왕초보 필수 문법	014	월 일	✓	✓	✓	
02	나의 하루	018	월 일	✓	✓	✓	▶
03	숫자와 시간	024	월 일	✓	✓	✓	▶
04	날짜	030	월 일	✓	✓	✓	▶

05	학교에서	034	월 일	✓	✓	✓	▶
06	회사에서	042	월 일	✓	✓	✓	▶
07	신체와 외모	048	월 일	✓	✓	✓	▶
08	감정과 느낌 표현	054	월 일	✓	✓	✓	▶
09	사람의 일생	060	월 일	✓	✓	✓	▶
10	계절과 날씨	066	월 일	✓	✓	✓	▶
11	동식물과 자연	072	월 일	✓	✓	✓	▶
12	우리집	078	월 일	✓	✓	✓	▶
13	식생활	086	월 일	✓	✓	✓	▶

14	의복과 미용	94	월 일	✓	✓	✓	▶
15	공항에서	102	월 일	✓	✓	✓	▶
16	쇼핑	108	월 일	✓	✓	✓	▶
17	교통 · 도로	114	월 일	✓	✓	✓	▶
18	방향과 위치	122	월 일	✓	✓	✓	▶
19	호텔에서	126	월 일	✓	✓	✓	▶
20	관광지	132	월 일	✓	✓	✓	▶
21	마사지숍	138	월 일	✓	✓	✓	▶
22	카페, 패스트푸드	144	월 일	✓	✓	✓	▶

23	은행, 우체국, 편의점에서	150	월 일	✓	✓	✓	▶
24	병원, 약국에서	158	월 일	✓	✓	✓	▶
25	취미 생활	166	월 일	✓	✓	✓	▶
26	운동 · 스포츠	172	월 일	✓	✓	✓	▶
27	전화 · 통신	178	월 일	✓	✓	✓	▶
28	컴퓨터 · 인터넷	184	월 일	✓	✓	✓	▶
29	신조어 및 유행어(SNS)	190	월 일	✓	✓	✓	▶
30	★★★ 왕초보 필수 반대말	198	월 일	✓	✓	✓	▶
★	스피드 인덱스	204					

★ 태국어의 주요 특징

- 태국어는 남녀의 인칭대명사와 존칭어조사가 다르게 사용되고 있으며, 음의 높낮이를 뜻하는 성조가 존재하고, 모음의 길고 짧음에 따른 구분이 명확한 언어입니다.
- 태국어는 어형의 변화가 없으며 '은, 는, 이, 가, 을, 를'과 같은 격조사를 사용하지 않기 때문에 어순에 따라 단어의 기능이 달라질 수 있으므로 단어의 뜻을 정확히 파악한 뒤 어순에 알맞게 사용해야 합니다.
- 태국어의 기본 어순은 영어와 비슷하지만 '멋진 남자'의 어순이 아닌 '남자 멋진'과 같이 수식어와 피수식어의 어순을 반대로 사용하는 어순이 한국어, 영어와 다르기 때문에 학습 초반 기본 단어들을 활용하여 어순을 바꿔가며 다양한 문장을 만들어보는 연습이 필요합니다.

★ 태국어의 문자

자음

태국어의 자음은 총 44개로, 성조 구분을 위해 세 가지의 자음(중/고/저자음)으로 분류됩니다.
현재 두 개의 자음은 사용하지 않고 있습니다.

중자음(9)	บ [버-]	ป [빠-]	ด ฎ [더-]	ต ฏ [떠-]	ก [까-]	จ [짜-]	อ [어-]
고자음(11)	ฉ [처-]	ข (ฃ) [커-]	ผ [퍼-]	ถ ฐ [터-]	ห [허-]	ส ศ ษ [써-]	ฝ [풔f-]

저자음	대응 (14)	ช ฌ [처–]	ค ฅ (ฆ) [커–]	พ ภ [퍼–]	ท ฒ ฑ ธ [터–]	ฮ [허–]	ซ [써–]	ฟ [풔f–]
	단독 (10)	น ณ [너–]	ร [러r–]	ล ฬ [러–]	ม [머–]	ง [응어ng–]	ว [워w–]	ย ญ [여y–]

*괄호의 두 자음은 현재 쓰이고 있지 않아요.

모음

- 태국어의 모음은 총 32개로 발음의 길고 짧음에 따라 장모음 12개(생음)와 단모음 12개(사음), 기타 모음 8개가 있습니다.
- 중자음 중 [ㅇ]음가에 해당하는 **อ** [어–아–ㅇ]에 각각의 모음을 적용하여 읽어보세요.

장모음 (생음)	อี [이–]	เอ [에–]	แอ [애–]	เอีย [이–야]
	อื [으–]	เออ [으ㅓ–]	อา [아–]	เอือ [으–아]
	อู [우–]	โอ [오–]	ออ [어–]	อัว [우–워]

단모음 (사음)	อิ [이]	เอะ [에]	แอะ [애]	เอียะ [이야]
	อึ [으]	เออะ [으ㅓ]	อะ [아]	เอือะ [으아]
	อุ [우]	โอะ [오]	เอาะ [어]	อัวะ [우워]
기타 모음(1) 발음은 단모음 성조는 장모음	อำ [암]	เอา [아오]	ไอ [아이]	ใอ [아이]
기타 모음(2)	ฤ [르r]	ฤๅ [르r-]	ฦ [르]	ฦๅ [르-]

종자음(받침)

- 태국어의 종자음(받침)은 생받침과 사받침으로 분류할 수 있습니다.
- 단독저자음 10개가 받침으로 사용되면 생받침으로 간주되며, 단독저자음을 제외한 자음들 중 8개를 제외한 자음이 받침으로 사용되면 사받침으로 간주됩니다.
- 태국어의 종자음에는 [ㄹ] 소리가 없으며, 초자음 중 [ㄹ]에 속하는 자음들과 ญ [여y-잉y]이 받침으로 올 경우 [ㄴ]의 소리로 발음됩니다.

생받침 (단독저자음)	/ㄴ/ –น –ณ –ญ –ร –ล –ฬ
	/ㅁ/ –ม /ㅇ/ –ง /우/ –ว /이/ –ย

사받침	/ㅂ/	–บ –ป –พ –ภ –ฟ
	/ㄷ/	–ด –ต –ฎ –ฏ –จ –ฒ –ฑ –ธ –ถ –ฐ –ท –ช –ณ –ซ –ส –ศ –ษ
	/ㄱ/	–ก –ค –ฆ –ข

★ 태국어의 성조

태국어의 성조는 성조 부호의 유무에 따라 유형, 무형 성조로 나누어집니다.

유형성조

태국어의 유형성조는 저자음에 성조 부호가 오는 경우에 주의해서 발음합니다.

		1성 부호 ่	2성 부호 ้	3성 부호 ๊	4성 부호 ๋
중자음	발음	1성	2성	3성	4성
고자음		1성	2성	성조 부호 올 수 없음	
저자음		2성	3성		

무형성조

	중자음	고자음	저자음
생음 (장모음/생받침)	평성	4성	평성
사음 (단모음/사받침)	1성		장모음+사받침: 2성
			단모음: 3성
			단모음+사받침: 3성

วันที่ 01
왕초보 필수 문법

MP3를 들어보세요

★ 인칭대명사와 존칭어조사

태국어는 대우법과 어조사가 발달하여 적절한 한 관계로 다양한 인칭대명사와 존칭어조사가 있어요.

인칭대명사	1인칭	ผม 폼	(ดิ)ฉัน 디찬	เรา 라r오		복수 표현은 각 인칭대명사의 왼쪽에 **พวก**을 붙입니다. 푸-왁 예) **พวกเรา** 우리들 푸-왁 라r오
	2인칭	ท่าน 탄	คุณ 쿤	เธอ 트ㅓ-	แก 깨-	
	3인칭	ท่าน 탄	เขา 카오	เธอ 트ㅓ-	มัน 만	
존칭어조사	남성	ครับ 크랍	นะครับ 나 크랍			
	여성	ค่ะ 카	คะ 카	นะคะ 나 카		

★ 연계동사 '~이다'

เป็น 뻰	소속/직업을 나타낼 때	เป็นคนเกาหลีครับ 뻰 콘 까오ㄹ리- 크랍 한국 사람입니다.
คือ 크-	지시/나열/정의 할 때	คือหนังสือค่ะ 크- 낭 쓰- 카 책입니다.

★ 부정문 만들기

동사/형용사 부정	ไม่ +동사/형용사	ไม่กิน 마이 낀 안 먹는다.
명사 부정	ไม่ใช่+명사	ไม่ใช่คนเกาหลี 마이차이 콘 까오ㄹ리- 한국 사람이 아니다.

★ 지시대명사

지시대명사는 단독으로 사용이 가능하며 주로 '물건/장소/사람'을 나타냅니다.

지시대명사	의미	예
นี่ 니-	이(것/곳/사람)	นี่(คือ)พ่อค่ะ 니 크- 퍼- 카 이쪽은 아버지이십니다.(사람)
นั่น 난	그(것/곳/사람)	นั่น(คือ)อะไรครับ 난 크- 아라이 크랍 그것은 뭐예요?(물건)
โน่น 노-ㄴ	저(것/곳/사람)	ที่โน่นที่นี่ 티-노-ㄴ 티-니- 여기저기(장소)

★ 의문문 만들기

의문사의 어순은 주로 문장의 마지막에 위치하며 태국어의 문법상 물음표가 존재하지 않는 관계로 다양한 의문조사 및 물음 표현이 있습니다.

의미	의문사	예
누가/누구	ใคร 크라이	เขาอยู่กับใครคะ 카오 유 깝 크라이 카 그는 누구와 함께 있어요?
언제	เมื่อไร 므-어라이	เขาจะมาเมื่อไรครับ 카오 짜 마- 므-어라이 크랍 그는 언제 와요?
어디/어디에(서)	ที่ไหน 티-나이	เขาอยู่ที่ไหนคะ 카오 유-티-나이 카 그는 어디 있어요?(어디에 살아요?)
무엇을	อะไร 아라이	เขาใช้อะไรครับ 카오 차이 아라이 크랍 그는 무엇을 사용해요?

어떻게	อย่างไร 야-ㅇ라이	เขาไปอย่างไรคะ 카오 빠이야-ㅇ라이 카	그는 어떻게 갔어요?
왜	ทำไม 탐마이	เขามาทำไมครับ 카오 마-탐마이 크랍	그는 왜 왔어요?
어느	ไหน 나이	เขาไปไหนมาคะ 카오 빠이나이마-카	그는 어디 갔다 왔어요?
얼마	เท่าไร 타오라이	เขาสูงเท่าไรครับ 카오 쑤-ㅇ타오라이 크랍	그는 키가 얼마예요?
몇	กี่ 끼-	เขาสูงกี่เซนคะ 카오 쑤-ㅇ끼-쎄-ㄴ 카	그는 키가 몇 센티미터예요?

Tip

이렇게 하면 태국어 실력이 쑥쑥!

Step 1 인칭대명사와 존칭어조사를 인칭에 맞게 각 Day별 예문에 적용하여 문장을 만드세요.

 ฉันตื่น 7 โมงเช้าทุกวันค่ะ
찬 뜨-ㄴ 쩯 모-ㅇ차-오 툭완 카 저는 매일 아침 7시에 일어나요.(여성)

ผมตื่น 7 โมงเช้าทุกวันครับ
폼 뜨-ㄴ 쩯 모-ㅇ차-오 툭완 크랍 저는 매일 아침 7시에 일어나요.(남성)

Step 2 본문에 수록된 단어들을 활용하여 '주어(인칭대명사)+서술어(동사/형용사)+존칭어조사'의 순으로 문장을 만드는 연습을 하세요.

ผมเรียนครับ
폼 리r-얀 크랍 저는 공부합니다.

เธอสวยค่ะ
트ㅓ-쑤-워이 카 그녀는 예쁩니다.

Step 3 동사에 목적어(명사) 또는 부사를 넣어 '주어(인칭대명사)+서술어(동사/형용사)+목적어(부사)'순으로 문장을 만드세요.

ผมเรียนภาษาไทยครับ
폼 리r-얀 파-싸-타이 크랍   저는 태국어를 공부합니다.

เธอสวยจริงๆค่ะ
트ㅓ-쑤-워이 찡찡 카   그녀는 정말 예쁩니다.

> **Step 4**   직접 만들어본 문장에 부정사를 넣어 부정문으로 만드세요.

ผมไม่เรียนภาษาไทยครับ
폼 마이리r-얀 파-싸-타이 크랍   저는 태국어를 공부하지 않습니다. (동사부정)

เธอไม่ใช่คนเกาหลีค่ะ
트ㅓ-마이차이 콘 까오ㄹ리-카   그녀는 한국 사람이 아닙니다. (명사부정)

이때, 부정하는 단어가 동사(형용사)인지 명사인지 잘 구분하여 부정문으로 만들어 봅니다.

> **Step 5**   의문사(의문조사)를 활용하여 의문문을 만드세요.

ใครเรียนภาษาไทยครับ
크라이 리r-얀 파-싸-타이 크랍   누가 태국어를 공부해요?

เธอสวยไหมคะ
트ㅓ-쑤-워이 마이 카   그녀는 예쁜가요?

> **Step 6**   기본 문장에 조동사 등을 어순에 알맞게 배열하여 다양한 문장을 만드세요.

ฉันกำลังเรียนภาษาไทยอยู่ค่ะ
찬 깜랑 리r-얀파-싸-타이 유-카   저는 태국어를 공부하는 중입니다. (현재진행)

ผมจะเรียนภาษาไทยครับ
폼 짜 리r-얀 파-싸-타이 크랍   저는 태국어를 공부할 것입니다. (미래)

เขาไป(ที่)ประเทศไทยแล้วค่ะ
카오 빠이 (티-) 쁘라테-ㄷ타이 래-우 카   그 사람은 태국에 갔습니다. (완료)

ฉันเคยเรียนภาษาไทยค่ะ
찬 크ㅓ-이리r-얀 파-싸-타이 카   저는 태국어를 공부한 적이 있습니다. (경험)

วันที่ 02

공부순서: ☐ MP3 듣기 ➡ ☐ 단어 암기 ➡ ☐ 예문 빈칸 채우기 ➡ ☐ 단어암기 동영상

나의 하루

MP3를 들어보세요

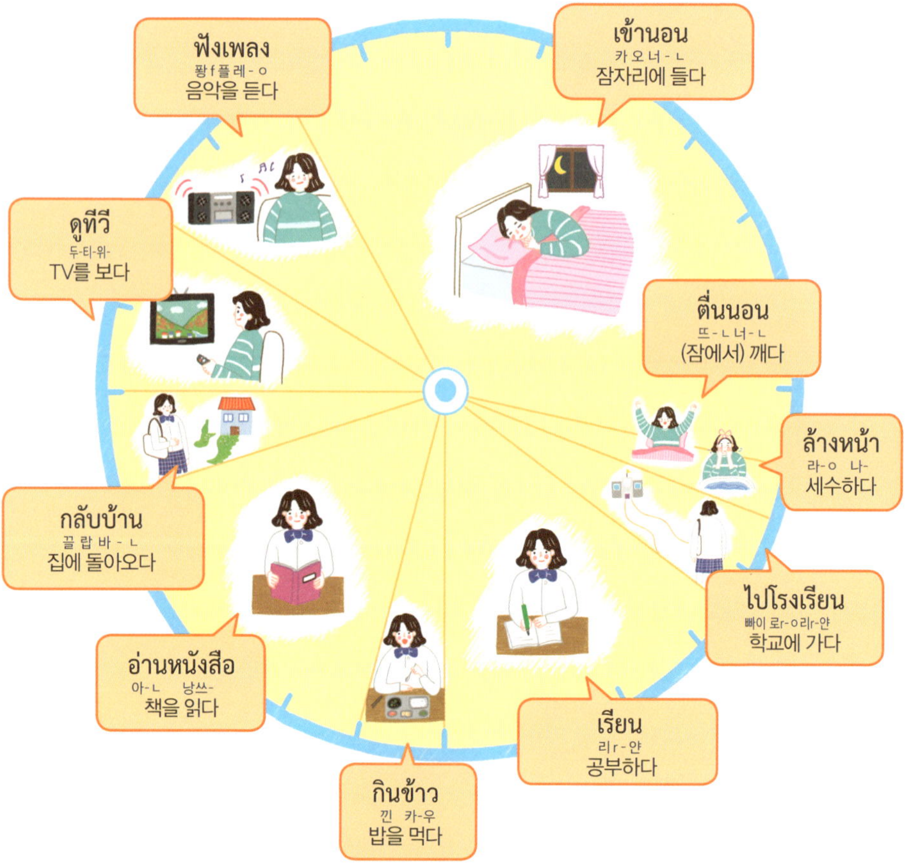

ฟังเพลง
쾅f플레-ㅇ
음악을 듣다

เข้านอน
카오너-ㄴ
잠자리에 들다

ดูทีวี
두-티-위-
TV를 보다

ตื่นนอน
뜨-ㄴ너-ㄴ
(잠에서) 깨다

ล้างหน้า
라-ㅇ 나-
세수하다

กลับบ้าน
끌랍 바-ㄴ
집에 돌아오다

ไปโรงเรียน
빠이 로-ㅇ리r-얀
학교에 가다

อ่านหนังสือ
아-ㄴ 낭쓰-
책을 읽다

เรียน
리r-얀
공부하다

กินข้าว
낀 카-우
밥을 먹다

013
ทำความสะอาด
탐 쾀-ㅁ 싸아-ㄷ
청소하다

014
ทำอาหาร
탐 아-하-ㄴ
요리하다

015
ล้างจาน
라-ㅇ 짜-ㄴ
설거지하다

016
ซักผ้า
싹파-
빨래하다

017
เรียน
리r-얀
공부하다

018
เข้านอน
카오 너-ㄴ
잠자리에 들다

ห้องให้หน่อยครับ(ค่ะ)
형 하이너이 크랍 카
방 청소 부탁드립니다.

ไทยเป็นไหมครับ(คะ)
타이 뻰 마이 크랍 카
태국 요리 할 줄 아세요?

ช่วย ให้หน่อยครับ(ค่ะ)
추-워이 하이너이 크랍 카
설거지 좀 도와주세요.

ทุกวันเสาร์ครับ(ค่ะ)
툭 완싸오 크랍 카
매주 토요일에 빨래를 해요.

กำลัง ภาษาไทยอยู่ครับ
깜랑 파-싸-타이 유- 크랍
(ค่ะ)
카
지금 태국어를 공부하는 중이에요.

ปกติ ตอน 4 ทุ่มครับ(ค่ะ)
뽀까띠 떠-ㄴ 씨- 툼 크랍 카
보통 밤 11시에 잠자리에 들어요.

플러스 단어

ถอดเสื้อ 옷을 벗다
터-ㄷ 쓰-아

อาบน้ำ 목욕하다
아-ㅂ 나-ㅁ

ลุกจากที่นอน 침대에서 일어나다
룩짜-ㄱ 티-너-ㄴ

ทานอาหารเช้า 아침을 먹다
타-ㄴ 아-하-ㄴ 차-오

ทานอาหารกลางวัน 점심을 먹다
타-ㄴ 아-하-ㄴ 끌라-ㅇ 완

ทานอาหารเย็น 저녁을 먹다
타-ㄴ 아-하-ㄴ 옌

เตรียมอาหาร 밥상을 차리다
뜨리r-얌 아-하-ㄴ

โกนหนวด 면도를 하다
꼬-ㄴ 누-월

สระผม 머리를 감다
싸폼

หวีผม 머리를 빗다
위-폼

เป่าผม 머리를 말리다
빠오 폼

แต่งหน้า 화장을 하다
땡 나-

ทำความสะอาด 청소하다
탐 콰-ㅁ 싸아-ㄷ

เช็ดพื้น 바닥을 닦다
첻 프-ㄴ

นอนหลับ 잠들다
너-ㄴ 랍

นอนกลางวัน 낮잠을 자다
너-ㄴ 끌라-ㅇ 완

인사말 익히기

ตื่นได้แล้ว 어서 일어나.
뜨-ㄴ 다이래-우

ฝันดีนะครับ(คะ) 잘 자요. 좋은 꿈 꾸세요.
퐌fㄷㅣ- 나 크랍(카)

ราตรีสวัสดิ์ครับ(ค่ะ) 안녕히 주무세요.
라-뜨리- 싸왇 크랍(카)

สบายดีไหมครับ(คะ) 잘 지내셨어요?
싸바-이디- 마이 크랍(카)

ช่วงนี้ยุ่งไหมครับ(คะ) 요즘 바쁘세요?
추-웡니- 융 마이 크랍(카)

นานแล้วที่ไม่ได้เจอกันนะครับ(คะ)
나-ㄴ래-우 티-마이다이 쯔ㅓ-깐 나크랍(카)
정말 오랜만이에요.

เจอกันใหม่นะครับ(คะ) 또 봐요.
쯔ㅓ-깐 마이 나 크랍(카)

โชคดีนะครับ(คะ) 행운을 빌어요.
초-ㄱ디- 나 크랍(카)

ขอตัวก่อนครับ(ค่ะ) 먼저 갈게요.
커- 뚜-워 꺼-ㄴ 크랍(카)

วันนี้เป็นอย่างไรบ้างครับ(คะ)
완니- 뻰 아-ㅇ라이바-ㅇ 크랍(카)
오늘 하루는 어떻게 보냈어요?

ทานให้อร่อยนะครับ(คะ) 맛있게 드세요.
타-ㄴ 하이아러-이 나 크랍(카)

미니 테스트

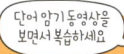

1 다음 단어의 뜻을 적어 보세요.

1 ไป _____   2 มา _____

3 กิน _____   4 ฟัง _____

5 อ่าน _____   6 เรียน _____

2 다음 뜻을 태국어로 써 보세요.

1 깨우다 _____   2 (잠에서) 깨다, 일어나다 _____

3 옷을 입다 _____   4 보다 _____

5 샤워하다 _____   6 요리하다 _____

3 태국어와 우리말 뜻을 알맞게 연결해 보세요.

1 세수하다 •   • ① ทำความสะอาด

2 돌아가다 •   • ② กลับ

3 청소하다 •   • ③ ล้างจาน

4 설거지하다 •   • ④ เข้านอน

5 잠자리에 들다 •   • ⑤ ล้างหน้า

1 1. 가다 2. 오다 3. 먹다 4. 듣다 5. 읽다 6. 공부하다
2 1. 푹룩 2. 띤 3. 싸이쓰아 4. 두 5. 압남 6. 탐아한
3 1. ⑤ 2. ② 3. ① 4. ③ 5. ④

วันที่ 03 숫자와 시간

공부 순서: ☐ MP3 듣기 ➡ ☐ 단어 암기 ➡ ☐ 예문 빈칸 채우기 ➡ ☐ 단어암기 동영상

MP3를 들어보세요

หนึ่ง [능]

สอง [써-ㅇ]

สาม [싸-ㅁ]

สี่ [씨-]

ห้า [하-]

หก [혹]

เจ็ด [쩯]

แปด [빼-ㄷ]

เก้า [까-오]

สิบ [씹]

숫자 익히기

11~19	11	12	13	14
	สิบเอ็ด [씹엗]	สิบสอง [씹써-ㅇ]	สิบสาม [씹싸-ㅁ]	สิบสี่ [씹씨-]
	15	**16**	**17**	**18**	**19**
	สิบห้า [씹하-]	สิบหก [씹혹]	สิบเจ็ด [씹쩯]	สิบแปด [씹빼-ㄷ]	สิบเก้า [씹까-오]

10단위	10	20	30	40
	สิบ [씹]	ยี่สิบ [이y-씹]	สามสิบ [싸-ㅁ씹]	สี่สิบ [씨-씹]
	50	**60**	**70**	**80**	**90**
	ห้าสิบ [하-씹]	หกสิบ [혹씹]	เจ็ดสิบ [쩯씹]	แปดสิบ [빼-ㄷ씹]	เก้าสิบ [까-오씹]

- 20은 สองสิบ[써-ㅇ씹]이 아닌 **ยี่สิบ**[이y-씹]을 활용합니다.
- 10단위에 1이 올 경우 1은 หนึ่ง[능]이 아닌 **เอ็ด**[엗]을 활용합니다.
  - 예 21 ยี่สิบเอ็ด[이y-씹엗]   31 สามสิบเอ็ด[싸-ㅁ씹엗]

100단위	100	200	300	400
	ร้อย [러-이]	สองร้อย [써-ㅇ러-이]	สามร้อย [싸-ㅁ러-이]	สี่ร้อย [씨-러-이]
	500	**600**	**700**	**800**	**900**
	ห้าร้อย [하-러-이]	หกร้อย [혹러-이]	เจ็ดร้อย [쩯러-이]	แปดร้อย [빼-ㄷ러-이]	เก้าร้อย [까-오러-이]

หนึ่งพัน [능판] 1,000(천)
หนึ่งหมื่น [능므-ㄴ] 10,000(만)
หนึ่งแสน [능쌔-ㄴ] 100,000(십만)
หนึ่งล้าน [능라-ㄴ] 1,000,000(백만)
สิบล้าน [씹라-ㄴ] 10,000,000(천만)

ร้อยล้าน [러-이라-ㄴ] 100,000,000(일억)
พันล้าน [판라-ㄴ] 1,000,000,000(십억)
หมื่นล้าน [므-ㄴ라-ㄴ] 10,000,000,000(백억)
แสนล้าน [쌔-ㄴ라-ㄴ] 100,000,000,000(천억)
ล้านล้าน [라-ㄴ라-ㄴ] 1,000,000,000,000(일조)

서수 읽기

- 태국어의 서수는 명사 + ที่ [티-] + 숫자를 사용합니다.
  - 예) 세 번째 사람 คนที่สาม [콘티-싸-ㅁ]
- '첫 번째'는 명사 + แรก [래-ㄱ] '마지막'은 명사 + สุดท้าย [쑫타-이]로도 사용합니다
  - 예) 첫 번째 사람 คนแรก [콘래-ㄱ] 마지막(번째) 사람 คนสุดท้าย [콘쑫타-이]

첫 번째	두 번째	세 번째	네 번째
ที่หนึ่ง [티-능] / แรก [래-ㄱ]	ที่สอง [티-써-ㅇ]	ที่สาม [티-싸-ㅁ]	ที่สี่ [티-씨-]

다섯 번째	여섯 번째	일곱 번째	여덟 번째
ที่ห้า [티-하-]	ที่หก [티-혹]	ที่เจ็ด [티-쩬]	ที่แปด [티-빼-ㄷ]

아홉 번째	열 번째	마지막
ที่เก้า [티-까-오]	ที่สิบ [티-씹]	สุดท้าย [쑫타-이]

플러스 단어

ตัวเลข 숫자
뚜-워 레-ㄱ

หลาย 여러 개의
라-이

จำนวน 개수
짬누-원

หมายเลข 번호
마-이 ㄹ 레-ㄱ

เลขคี่ 홀수의
레-ㄱ키-

เลขคู่ 짝수의
레-ㄱ쿠-

เลขที่ลงท้ายด้วย 0 끝자리가 0으로 끝나는 수
레-ㄱ티- 롱타-이 두어이 쑤-ㄴ

บวก 양수
부-억

ลบ 음수
롭

เลขนำโชค 행운의 숫자
레-ㄱ 남초-ㄱ

นับ 세다, 셈을 하다
납

เครื่องคิดเลข 계산기
크르r-앙 킫 레-ㄱ

การบวก 더하기
까-ㄴ 부-억

การลบ 빼기
까-ㄴ 롭

การคูณ 곱하기
까-ㄴ 쿠-ㄴ

การหาร 나누기
까-ㄴ 하-ㄴ

จำนวนหนึ่ง 몇몇
짬 누-원 능

จำนวนมาก 대다수, 대부분
짬누-원 마-ㄱ

ทศนิยม 소수
톧싸니욤

เศษส่วน 분수
쎄-ㄷ 쑤-원

ลำดับเลข 일련번호
람답 레-ㄱ

시간 말하기

새벽	1시	ตีหนึ่ง [띠-능]			1시	*บ่ายโมง [바-이 모-०]
	2시	ตีสอง [띠-싸°о]			2시	บ่ายสองโมง [바-이 싸°-०모-०]
	3시	ตีสาม [띠-싸°ㅁ]		오후	3시	บ่ายสามโมง [바-이 싸°-ㅁ모-०]
	4시	ตีสี่ [띠-씨-]			4시	สี่โมงเย็น [씨- 모-०옌]
	5시	ตีห้า [띠-하-]			5시	ห้าโมงเย็น [하- 모-०옌]
오전	6시	หกโมงเช้า [혹모-०차-오]			6시	หกโมงเย็น [혹 모-०옌]
	7시	เจ็ดโมง(เช้า) [쩬모-० 차-오]			7시	หนึ่งทุ่ม [능툼]
	8시	แปดโมง(เช้า) [빼-ㄷ 모-० 차-오]			8시	สองทุ่ม [싸°-०툼]
	9시	เก้าโมง(เช้า) [까-오모-० 차-오]		저녁	9시	สามทุ่ม [싸°-ㅁ툼]
	10시	สิบโมง(เช้า) [씹모-० 차-오]			10시	สี่ทุ่ม [씨-툼]
	11시	สิบเอ็ดโมงเช้า [씹엗모-० 차-오]			11시	ห้าทุ่ม [하-툼]
정오	12시	เที่ยง(วัน) [티-앙(완)]		자정	12시	เที่ยงคืน [티-앙 크-ㄴ]

* 오후 1시는 숫자 1을 읽지 않음에 주의하세요.

แปดโมงห้าสิบนาที
빼-ㄷ모-० 하-씹 나-티-
오전 8시 50분

สี่โมงยี่สิบนาที
씨-모-० 이-씹 나-티-
오후 4시 20분

สามทุ่มสิบนาที
싸°-ㅁ툼 씹 나-티-
밤 9시 10분

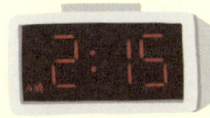

ตีสองสิบห้านาที
띠-싸°-० 씹하- 나-티-
새벽 2시 15분

플러스 단어

เวลา 시간
웨-(ㄹ)라-

โมง 시
모-ㅇ

นาที 분
나-티-

วินาที 초
위나-티-

นาฬิกาตั้งโต๊ะ 탁상시계
나-리까- 땅또

นาฬิกาแขวน 벽시계
나-리까- 쿠ㅔ-ㄴ

ก่อนเที่ยง 오전에
꺼-ㄴ 티-양

เช้า 오전, 아침
차-오

หลังเที่ยง 오후에
랑 티-양

บ่าย 오후
바-이

เมื่อไหร่ 언제
므-어라이

สามสิบนาที 30분
싸-ㅁ씹 나-티-

สาย 늦다
싸-이

ตอนนี้ 지금
떠-ㄴ니-

ตรง 정각
뜨롱

ตรงเวลา 정시에
뜨롱 웨-(ㄹ)라-

ก่อนเวลา 제시간보다 일찍
꺼-ㄴ 웨-(ㄹ)라-

ตรงต่อเวลา 시간을 엄수하는
뜨롱 떠- 웨-(ㄹ)라-

กำหนดเวลา 시간 제한
깜놋 웨-(ㄹ)라-

เช้ามืด 동틀 녘, 이른 새벽
차오 므-ㄷ

ก่อนเที่ยง 오전
꺼-ㄴ 티-양

เที่ยงวัน 정오
티-양 완

บ่าย 오후
바-이

ตอนโพล้เพล้ 해 질 녘, 일몰
떠-ㄴ 플로-플레-

ตอนเย็น (늦은) 오후
떠-ㄴ 옌

ตอนค่ำ 저녁
떠-ㄴ 캄

เที่ยงคืน 자정
티-양 크-ㄴ

กลางคืน 밤
끌라-ㅇ크-ㄴ

วันที่ 04

공부순서 ☐ MP3 듣기 ➡ ☐ 단어 암기 ➡ ☐ 예문 빈칸 채우기 ➡ ☐ 단어암기동영상

날짜

🎧 MP3를 들어보세요

เมื่อวาน(นี้)
므-어와-ㄴ (니-)
어제

พรุ่งนี้
프룽니-
내일

1月
월 화 수 목 금 토 7
2 3 4 5 6 일 8

เมื่อวานซืน
므-어 와-ㄴ 쓰-ㄴ
그저께

วันนี้
완니-
오늘

มะรืนนี้
마르-ㄴ 니-
모레

요일

- วันจันทร์ / 완 짠 / 월요일
- วันอังคาร / 완 앙카-ㄴ / 화요일
- วันพุธ / 완 풋 / 수요일
- วันพฤหัสบดี / 완 파르핫싸버-디- / 목요일
- วันศุกร์ / 완 쑥 / 금요일
- วันเสาร์ / 완 싸오 / 토요일
- วันอาทิตย์ / 완 아-팃 / 일요일

1~12월

- มกราคม / 마(목)까라-콤 / 1월
- กุมภาพันธ์ / 꿈 파-판 / 2월
- มีนาคม / 미-나-콤 / 3월
- เมษายน / 메-싸-욘 / 4월
- พฤษภาคม / 프릇 싸 파-콤 / 5월
- มิถุนายน / 미 투 나-욘 / 6월
- กรกฎาคม / 까 라 까 다-콤 / 7월
- สิงหาคม / 씽 하-콤 / 8월
- กันยายน / 깐 야-욘 / 9월
- ตุลาคม / 뚜(ㄹ)라-콤 / 10월
- พฤศจิกายน / 프릇 싸 찌 까-욘 / 11월
- ธันวาคม / 탄 와-콤 / 12월

플러스 단어

ศตวรรษ 세기
싸따왇

ปี 년
삐-

พุทธศักราช(พ.ศ.) 불력(서력+543년)
풋타 싹까라-ㄷ 퍼-써-

คริสต์ศักราช(ค.ศ.) 서력(불력−543년)
크릳 싹까라-ㄷ 커-써-

เดือน 달
드-안

สัปดาห์ 주
쌉다-

วัน 날짜
완

กี่วัน 며칠
끼-완

วันอะไร 무슨 요일
완 아라이

ปีที่แล้ว 작년
삐-티-래-우

ปีนี้ 올해
삐-니-

ปีหน้า 내년
삐-나-

10 ปีก่อน 10년 전
씹 삐- 꺼-ㄴ

10 ปีหลัง 10년 후
씹 삐- 랑

เดือนที่แล้ว 지난 달
드-안 티-래-우

เดือนนี้ 이번 달
드-안 니-

เดือนหน้า 다음 달
드-안 나-

สองอาทิตย์ที่แล้ว 지지난 주
써-ㅇ 아-틷 티-래-우

อาทิตย์ที่แล้ว 지난주
아-틷 티-래-우

อาทิตย์นี้ 이번 주
아-틷 니-

อาทิตย์หน้า 다음 주
아-틷 나-

วันธรรมดา 평일
완 탐마다

สุดสัปดาห์ 주말
쑫 쌉다-

ล่าสุด 최근에
라-쑫

Tip

날짜 말하기

태국어의 날짜는 '요일(일)-월-년' 순으로 말하며, 불교국가의 특성상 연도의 경우 서력에 543년을 더해 불력으로 사용하고 있습니다.

예) วันอังคารที่ 20 ตุลาคม พ.ศ.2563 2020년 10월 20일 화요일

미니 테스트

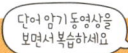 

1 다음 단어의 뜻을 적어 보세요.

1 ตอนนี้ _____ 2 ตรงเวลา _____

3 สาย _____ 4 เที่ยงวัน _____

5 เที่ยงคืน _____ 6 นาฬิกา _____

2 다음 뜻을 태국어로 써 보세요.

1 언제 _____ 2 아침 _____

3 시간 _____ 4 정각 _____

5 밤 _____ 6 오후 _____

3 태국어와 우리말 뜻을 알맞게 연결해 보세요.

1 เมื่อวาน(นี้) • • ① 오늘

2 เมื่อวานซืน • • ② 어제

3 มะรืนนี้ • • ③ 내일

4 พรุ่งนี้ • • ④ 그저께

5 วันนี้ • • ⑤ 모레

1 1. 지금 2. 정시에 3. 늦다 4. 정오 5. 자정 6. 시계
2 1. 언제ไหร่ 2. เช้า 3. เวลา 4. ตรง 5. กลางคืน 6. บ่าย
3 1. ② 2. ④ 3. ⑤ 4. ③ 5. ①

วันที่ **04** 날짜 33

☐ MP3 듣기 ➡ ☐ 단어 암기 ➡ ☐ 예문 빈칸 채우기 ➡ ☐ 단어암기 동영상

학교에서

โต๊ะ
또
책상

เก้าอี้
까-오이-
의자

หนังสือ
낭 쓰 -
책

สมุด
싸뭇
공책

ตำราเรียน
땀라- 리-안
교과서

ดินสอ
딘써-
연필

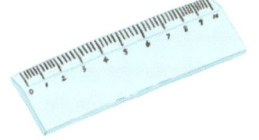

ยางลบ
야-ㅇ롭
지우개

ไม้บรรทัด
마이 반탇
자

กล่องดินสอ
끌렁   딘써-
필통

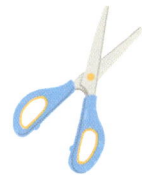

กระดาษ
끄라다-ㄷ
종이

กรรไกร
깐 끄라이
가위

สก็อตเทป
싸껃 테-ㅂ
스카치테이프

กาว
까-우
풀

กระดาน
끄라다-ㄴ
칠판

บอร์ดประชาสัมพันธ์
버-ㄷ 쁘라차- 쌈판
게시판

025 วิชา
/위차-/
과목

ชอบ ▢ อะไรมากที่สุดครับ(คะ)
처-ㅂ 아라이 마-ㄱ 티-쑫 크랍 카
제일 좋아하는 과목이 뭐예요?

026 วิชาเอก
/위차- 에-ㄱ/
전공

▢ ของเธอคือ วิชาภาษาไทย ครับ(ค่ะ)
커-ㅇ 트ㅓ- 크- 위차- 파-싸-타이 크랍 카
그녀의 전공은 태국어입니다.

027 การบ้าน
/까-ㄴ 바-ㄴ/
숙제

ทำ ▢ เสร็จแล้วหรอครับ(คะ)
탐 쎋 래-우 러- 크랍 카
숙제 다 했어요?

Tip

과목

วิชาคณิตศาสตร์ 수학
위차- 카닏따싸-ㄷ/위차- 카닏싸-ㄷ

วิชาฟิสิกส์ 물리학
위차- 퓌f씩

วิชาเคมี 화학
위차- 케-미-

วิชาชีววิทยา 생물학
위차- 치-와윋타야-

วิชาประวัติศาสตร์ 역사학
위차- 쁘라왇띠싸-ㄷ

วิชาภูมิศาสตร์ 지리학
위차- 푸-미싸-ㄷ

วิชากฎหมาย 법학
위차- 꼳마-이

แพทยศาสตร์ 의학
패-ㄷ타야싸-ㄷ/패-ㄷ싸-ㄷ

อักษรศาสตร์ 어문학
악싸-ㄴ싸-ㄷ/악싸-라싸-ㄷ

รัฐศาสตร์ 정치학
랃타싸-ㄷ

ปรัชญา 철학
쁘랃치야-/쁘랃야-

จริยศาสตร์ 윤리학
짜리야싸-ㄷ

จิตวิทยา 심리학
찓따윋타야-

สถาปัตยกรรมศาสตร์ 건축학
싸타-빧따야깜마싸-ㄷ

วิศวกรรมศาสตร์ 공학
위싸와깜마싸-ㄷ

플러스 단어

โรงเรียนอนุบาล 유치원
로r-ㅇ리r-얀 아누바-ㄴ

ห้องเล่นเด็ก 놀이방
헝 렌 덱

โรงเรียนประถมศึกษา 초등학교
로r-ㅇ리r-얀 쁘라톰 쓱싸-

โรงเรียนมัธยมต้น 중학교
로r-ㅇ리r-얀맡 타욤 똔

โรงเรียนมัธยมปลาย 고등학교
로r-ㅇ리r-얀 맡타욤 쁠라-이

มหาวิทยาลัย 대학교
마하-윝타야-ㄹ라이

บัณฑิตวิทยาลัย 대학원
반딛 윋타야-ㄹ라이

โรงอาหารสำหรับนักเรียน 학생 식당
로r-ㅇ아-하-ㄴ 쌈랍r 낙리r-얀

โรงอาหาร 구내식당
로r-ㅇ아-하-ㄴ

หอประชุม 강당
허- 쁘라춤

ห้องพยาบาล 양호실
헝 파야-바-ㄴ

หอพัก 기숙사
허- 팍

อาจารย์ใหญ่ 교장
아-짜-ㄴ 야이

ผู้ช่วยอาจารย์ใหญ่ 교감
푸-추-워이 아-짜-ㄴ야이

เพื่อนร่วมชั้น 반 친구(급우)
프-안 루r-웜 찬

ปิกนิก 소풍
삑닉

ทัศนศึกษา 견학
탇싸나 쓱싸-

การเรียน 수업
까-ㄴ 리r-얀

บรรยาย 강의, 강연
반야-이

ขาดเรียน 결석하다
카-ㄷ 리r-얀

การสอบกลางภาค 중간고사
까-ㄴ써-ㅂ 끌라-ㅇ파-ㄱ

การสอบปลายภาค 기말고사
까-ㄴ써-ㅂ 쁠라-이파-ㄱ

ท่องจำ 외우다
텅짬

อ่านหนังสือเตรียมสอบ 시험공부를 하다
아-ㄴ낭쓰- 뜨리r-얌 써-ㅂ

หลักสูตรทางการศึกษา 교육 과정
락쑤-ㄷ 타-ㅇ 까-ㄴ쓱싸-

โรงเรียนภาคฤดูร้อน 여름학교
로r-ㅇ리r-얀 파-ㄱ르r두-러r-ㄴ

ทุนการศึกษา 장학금
툰 까-ㄴ 쓱싸-

ผลสอบ 성적
폰 써-ㅂ

คะแนน 시험 점수
카내-ㄴ

ใบเกรด 성적표
바이 끄레r-ㄷ

ปริญญา 학위
빠린r야-

สอบผ่าน 시험을 통과하다
써-ㅂ 파-ㄴ

สอบตก 낙제하다
써-ㅂ 똑

ดินสอกด 샤프
딘 써-꼳

40

미니 테스트

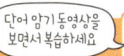

1 다음 단어의 뜻을 적어 보세요.

1 หนังสือ _____ 2 ดินสอ _____

3 กระดาษ _____ 4 กาว _____

5 สมุด _____ 6 โต๊ะ _____

2 다음 뜻을 태국어로 써 보세요.

1 대학교 _____ 2 구내식당 _____

3 기숙사 _____ 4 중간고사 _____

5 성적표 _____ 6 외우다 _____

3 태국어와 우리말 뜻을 알맞게 연결해 보세요.

1 ยางลบ　　　•　　　　• ① 가위

2 กรรไกร　　•　　　　• ② 수업

3 ดินสอกด　•　　　　• ③ 지우개

4 ห้องเล่นเด็ก　•　　　• ④ 놀이방

5 การเรียน　•　　　　• ⑤ 샤프펜슬

1 1. 책 2. 연필 3. 종이 4. 풀 5. 공책 6. 책상
2 1. มหาวิทยาลัย 2. โรงอาหาร 3. หอพัก 4. การสอบกลางภาค 5. ใบเกรด 6. ท่องจำ
3 1. ③ 2. ① 3. ⑤ 4. ④ 5. ②

วันที่ 06

회사에서

ครู
크루-
교사

หมอ
머 -
의사

ตำรวจ
땀루-왇
경찰

นักดับเพลิง
낙 답플르ㅓ-ㅇ
소방관

ช่างเสริมสวย
차-ㅇ 쓰ㅓ-ㅁ 쑤-워이
미용사

พ่อครัว*
퍼- 크루-워
(남성) 요리사

* (여성) 요리사는 **แม่ครัว** 매- 크루-워 라고 한다.

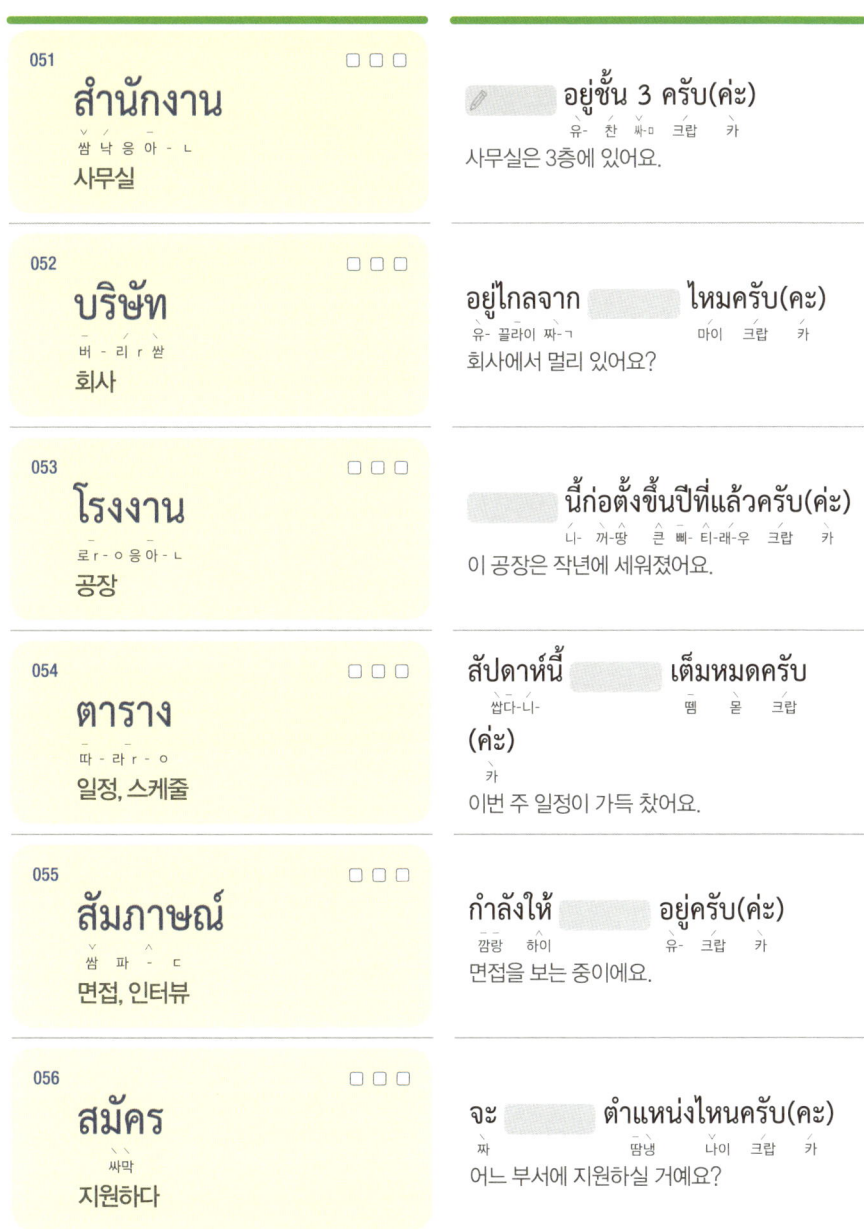

플러스 단어

ไปทำงาน 출근하다
빠이 탐응아-ㄴ

รับงาน 취직하다
랍r 응아-ㄴ

วันทำงาน 근무일
완 탐응아-ㄴ

วันหยุด 휴일
완윳

พักร้อน 휴가
팍 라r-ㄴ

ทำงานล่วงเวลา 초과 근무를 하다
탐응아-ㄴ 루-웡 웨-(ㄹ)라

โบนัส 보너스
보낫

เงินบำนาญ 연금
응으ㅓㄴ 밤나-ㄴ

นามบัตร 명함
나-ㅁ 밭

เครื่องถ่ายเอกสาร 복사기
크르r-앙 타-이 에-ㄱ까싸-ㄴ

Tip

직업

ทนายความ 변호사
타나-이 콰-ㅁ

อัยการ 검사
아야까-ㄴ

ผู้พิพากษา 판사
푸-피파-ㄱ싸-

ทหาร 군인
타하-ㄴ

นักบัญชี 회계사
낙 반치-

นักธุรกิจ 사업가
낙 투라낏

จิตรกร 화가
찓뜨라꺼-ㄴ

นักดนตรี 음악가
낙 돈뜨리r-

นักกีฬา 운동선수
낙 끼-ㄹ라

นักดาราศาสตร์ 천문학자
낙 다-라-싸-ㅅ

ช่างภาพ 사진작가
차-ㅇ파-ㅂ

พนักงานขาย 점원, 판매원
파낙응아-ㄴ 카-이

เลขานุการ 비서
레-카-누까-ㄴ

ช่าง 정비공
차-ㅇ

ช่างประปา 배관공
차-ㅇ 쁘라빠-

ช่างซ่อม 수리공
차-ㅇ 썸

หมอ 의사
머-

สัตวแพทย์ 수의사
싿따와패-ㄷ

ทันตแพทย์ 치과의사
탄 따 패-ㄷ

ผู้ผลิต 프로듀서
푸-팔릳

ข้าราชการ 공무원
카- 라-ㄷ차까-ㄴ

미니 테스트

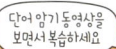

1 다음 단어의 뜻을 적어 보세요.

1 หมอ _____   2 ตำรวจ _____

3 วันหยุด _____   4 โบนัส _____

5 นามบัตร _____   6 ทหาร _____

2 다음 뜻을 태국어로 써 보세요.

1 변호사 _____   2 사업가 _____

3 비서 _____   4 화가 _____

5 사진작가 _____   6 프로듀서 _____

3 태국어와 우리말 뜻을 알맞게 연결해 보세요.

1 บริษัท • • ① 회사

2 โรงงาน • • ② 고용하다

3 จ้าง • • ③ 월급

4 เงินเดือน • • ④ 지원하다

5 สมัคร • • ⑤ 공장

---

1 1. 의사 2. 경찰 3. 휴일 4. 보너스 5. 명함 6. 군인
2 1. ทนายความ 2. นักธุรกิจ 3. เลขานุการ 4. จิตรกร 5. ช่างภาพ 6. ผู้ผลิต
3 1. ① 2. ⑤ 3. ② 4. ③ 5. ④

วันที่ 07

공부 순서: ☐ MP3 듣기 ➡ ☐ 단어 암기 ➡ ☐ 예문 빈칸 채우기 ➡ ☐ 단어암기 동영상

신체와 외모

🎧 MP3를 들어보세요

หัว	후-워	머리
ตา	ตา-	눈
หู	후-	귀
ใบหน้า	บาย น่า-	얼굴
คอ	คอ-	목
จมูก	จมู-ก	코
ปาก	ปา-ก	입
ไหล่	ไหล่	어깨
แขน	แค-น	팔
หน้าอก	น่า-อก	가슴
มือ	มื-	손
นิ้วมือ	นิ้ว มื-	손가락
ท้อง	ท้อ-ง	배
เข่า	เข่า	무릎
ขา	ขา-	다리
นิ้วเท้า	นิ้ว ท้า-ว	발가락
เท้า	ท้า-ว	발

플러스 단어

หน้าผาก 이마
나- 파-ㄱ

ขนตา 속눈썹
콘 따-

หนังตา 눈꺼풀
낭 따-

รูจมูก 콧구멍
루r-짜무-ㄱ

ริมฝีปาก 입술
림r퓌f-빠-ㄱ

ฟัน 이, 이빨
퐌f

แก้ม 뺨
깨-ㅁ

คาง 턱
카-ㅇ

เครา 턱수염
크라r오

หนวด 콧수염
누-왇

ศอก 팔꿈치
써-ㄱ

ข้อศอก 팔목
커-써-ㄱ

น่องขา 허벅지
넝 카-

เล็บมือ 손톱
렙 므-

เล็บเท้า 발톱
렙 타-오

ลายนิ้วมือ 지문
라-이 니우므-

กระ 주근깨
끄라r

สิว 여드름
씨우

ผด 뾰루지
폿

วิกผม 가발
윅 폼

ผมตรง 직모
폼 뜨롱

ผมดัด 파마머리
폼 닫

ผมสีบลอนด์ 금발머리
폼 씨-블러-ㄴ

ผมสีน้ำตาล 갈색머리
폼 씨-남따-ㄴ

ใบหน้า 얼굴
바이 나-

ไฝ 점
퐈f이

เพิ่มน้ำหนัก 살이 찌다
프ㅓ-ㅁ 남낙

ลดน้ำหนัก 살이 빠지다
롯 남낙

ซิกแพค 근육질의
씩팩

หุ่นดี 몸매가 좋은
훈 디-

미니 테스트

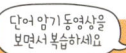

단어 암기 동영상을
보면서 복습하세요

1 다음 단어의 뜻을 적어 보세요.

1 หัว _____   2 ไหล่ _____

3 แขน _____   4 ขา _____

5 ตา _____   6 หู _____

2 다음 뜻을 태국어로 써 보세요.

1 이, 이빨 _____   2 콧구멍 _____

3 뺨, 볼 _____   4 턱 _____

5 팔꿈치 _____   6 발가락 _____

3 태국어와 우리말 뜻을 알맞게 연결해 보세요.

1 หน้าผาก   •   • ① 허리

2 น่องขา   •   • ② 목

3 เอว   •   • ③ 허벅지

4 ลิ้น   •   • ④ 이마

5 คอ   •   • ⑤ 혀

1 1. 머리 2. 어깨 3. 팔 4. 다리 5. 눈 6. 귀
2 1. ฟัน 2. รูจมูก 3. แก้ม 4. คาง 5. ศอก 6. นิ้วเท้า
3 1. ④ 2. ③ 3. ① 4. ⑤ 5. ②

감정과 느낌 표현

☐ MP3 듣기 ➡ ☐ 단어 암기 ➡ ☐ 예문 빈칸 채우기 ➡ ☐ 단어암기 동영상

공부 순서

มีความสุข
미-꽈-ㅁ쑥
행복하다

เสียใจ
씨-야짜이
슬프다

โกรธ
끄로-ㄷ
화가 나다

ตกใจ
똑 짜이
놀라다

หัวเราะ
후-워 러 r
(소리 내어) 웃다

ร้องไห้
러-ㅇ하이
울다

075	วันนี้ [___] เป็นยังไงบ้างครับ(คะ)
รู้สึก 루 r - 쓱 느끼다	오늘은 기분이 어떠세요?

076	วันนี้เป็นวันที่ [___] ที่สุดครับ(ค่ะ)
มีความสุข 미-콰-ㅁ 쑥 행복하다	오늘은 가장 행복한 날이에요.

077	ทำไมดู [___] อย่างนี้ครับ(คะ)
เสียใจ 씨-야 짜이 슬프다	왜 이렇게 슬퍼 보여요?

078	[___] นิดหน่อยครับ(ค่ะ)
เครียด 크 리 r - 얃 긴장하다	조금 긴장했어요.

079	[___] กับโปรเจกต์นั้นครับ(ค่ะ)
อารมณ์เสีย 아-롬r 씨-야 기분 상하다	그 프로젝트 때문에 기분이 상했어요.

080	[___] มากครับ(ค่ะ)
ถูกใจ 투-ㄱ 짜이 마음에 들다	무척 마음에 들어요.

087
ตื่นเต้น
뜨-ㄴ 뗀
신나다, 흥분하다

รู้สึก ▱ ที่จะได้ไปเที่ยวครับ(ค่ะ)
루r-쏙 티- 짜 다이 빠이티-여우 크랍 카
여행을 가게 되어 신이 났어요.

088
ยิ้ม
임y
미소 짓다

เขาฝืน ▱ ครับ(ค่ะ)
카오 프f-ㄴ 크랍 카
그는 억지웃음을 지었어요.

089
คิดถึง
킫틍
그리워하다, 보고 싶다

จะ ▱ คุณมากๆครับ(ค่ะ)
짜 쿤 막마-ㄱ 크랍 카
당신이 정말 보고 싶을 거예요.

090
ประหลาดใจ
쁘라ㄹ라-ㄷ짜이
놀라워하다

▱ กับผลลัพธ์ครับ(ค่ะ)
깝 폰랍 크랍 카
결과에 놀랐어요.

091
แปลก
쁠래-ㄱ
이상하다

นั่นเป็นความคิดที่ ▱ ครับ(ค่ะ)
난 뻰 콰-ㅁ킫 티- 크랍 카
그거 희안한 생각이네요.

092
ตกใจ
똑짜이
놀라다

▱ เหมือนจะตายครับ(ค่ะ)
므-안 짜 따-이 크랍 카
죽을 만큼 놀랐어요.

플러스 단어

ดีใจ 기쁘다
디-짜이

เบิกบานใจ 반갑다
브ㅓ-ㄱ바-ㄴ짜이

ร่าเริง 즐겁다
라-르ㅓr-ㅇ

เสียใจ 슬프다
씨-야짜이

อาภัพ 불행하다
아 - 팝

โมโห 화내다
모-호-

ผลกระทบ 충격받다
폰 끄 라 r 톱

กลัว 무섭다
끌루-워

หวาดกลัว 두려워하다
와-ㄷ 끌루-워

พอใจ 만족하다
퍼-짜이

ความผิดหวัง 실망하다
콰-ㅁ 핃 왕

สับสนวุ่นวาย 혼란스럽다
쌉 쏜 운 와 - 이

งงงวย 당황스럽다
응응 응우-워이

ลำบากใจ 당혹하다
람바-ㄱ 짜이

เขินอาย 부끄러워하다
크ㅓ-ㄴ아-이

อับอายขายหน้า 창피해하다
압 아 - 이 카 - 이 나 -

ไว้วางใจ 안심하는
와이 와-ㅇ짜이

อารมณ์เสีย 불쾌하다
아 - 롬 r 씨-야

ดีใจ 기쁘다
디-짜이

เบื่อ 지루하다, 심심하다
브-아

ปิติยินดี 유쾌하다
삐띠 인디-

ตลกขบขัน 우습다
딸록 콥칸

ประทับใจ 감동받다
쁘 라 r 탑 짜이

เหงา 외롭다
응아오

โดดเดี่ยว 고독하다
도-ㄷ 디-여우

ประทับใจอย่างยิ่ง 인상 깊다
쁘 라 r 탑 짜이 야 - ㅇ 잉 y

หึง 질투하다
흥

สั่นสะท้าน 전율하다
싼 싸 타 - ㄴ

ทุกข์ยาก 비참하다
툭 야-ㄱ

น่ารังเกียจ 혐오스럽다
나 - 랑r끼- 얃

ความแค้น 증오
콰-ㅁ 캐-ㄴ

ความอาฆาตแค้น 원한
콰-ㅁ 아-카-ㄷ 캐-ㄴ

เสียดาย 후회하다
씨-야다-이

สงสัย 궁금하다
쏭 싸 이

ความหวาดกลัว 두려움
콰-ㅁ 와-ㄷ 끌루-워

อิจฉา 부러워하다
읻 차-

มั่นใจในตัวเอง 자신만만하다
만짜이 나이뚜-워에-ㅇ

หดหู่ 우울(침울)하다
홀 후-

รำคาญ 짜증 나다
람r카-ㄴ

ฝืนใจ 마지못해
프-ㄴ짜이

미니 테스트

단어 암기 동영상을 보면서 복습하세요.

1 다음 단어의 뜻을 적어 보세요.

1 มีความสุข _____   2 เสียใจ _____

3 ร้องไห้ _____   4 ดีใจ _____

5 โมโห _____   6 กลัว _____

2 다음 뜻을 태국어로 써 보세요.

1 만족하다 _____   2 실망하다 _____

3 안심하다 _____   4 지루하다 _____

5 외롭다 _____   6 질투하다 _____

3 태국어와 우리말 뜻을 알맞게 연결해 보세요.

1 อิจฉา • • ① 부러워하다

2 คิดถึง • • ② 미안하다

3 ตื่นเต้น • • ③ 마음에 들다

4 ขอโทษ • • ④ 신나다, 흥분하다

5 ถูกใจ • • ⑤ 그립다, 보고 싶다

1 1. 행복하다 2. 슬프다 3. 울다 4. 기쁘다 5. 화내다 6. 무섭다
2 1. พอใจ 2. ผิดหวัง 3. ไว้วางใจ 4. เบื่อ 5. เหงา 6. หึง
3 1. ① 2. ⑤ 3. ④ 4. ② 5. ③

วันที่ **08** 감정과 느낌 표현

วันที่ 09 사람의 일생

공부순서: ☐ MP3 듣기 ➡ ☐ 단어 암기 ➡ ☐ 예문 빈칸 채우기 ➡ ☐ 단어암기 동영상

MP3를 들어보세요

เด็กทารก
덱 타-록r
갓난아기

เด็ก
덱
어린이, 아이

ผู้ใหญ่
푸-야이
어른, 성인

แต่งงาน
땡 응아-ㄴ
결혼하다

ผู้สูงอายุ
푸-쑤-ㅇ아-유
노인

ตาย
따-이
죽다

105 วัยเด็ก 와이 댁 어린 시절	ใน _____ มีความสุขมากๆครับ(ค่ะ) 어린 시절은 정말 행복했어요.
106 วันเกิด 완 끄ㅓ-ㄷ 생일	_____ ของคุณเมื่อไหร่ครับ(คะ) 당신의 생일은 언제예요?
107 โสด 쏘-ㄷ 미혼의	ในที่นี่มีเธอคนเดียวที่ยัง _____ ครับ(ค่ะ) 여기에서 그녀만 아직 미혼이에요.
108 แก่ 깨- 늙다	ทุกคนย่อม _____ ชราลงครับ(ค่ะ) 사람은 누구나 늙기 마련이에요.
109 ตาย 따-이 죽다	เขา _____ ทันทีครับ(ค่ะ) 그는 즉사했어요.

플러스 단어

ผู้ชาย 남자
푸- 차-이

ผู้หญิง 여자
푸- 잉y

อายุ 나이
아-유y

เด็กทารก 갓난아기
덱 타-록r

ผู้ใหญ่ 성인
푸- 야이

การนัดบอด 소개팅
까-ㄴ 낟버-ㄷ

พ่อสื่อ 남성 중매인
퍼 - 쓰-

แม่สื่อ 여성 중매인
매 - 쓰-

การเดต 데이트
까-ㄴ 덷

ตกหลุมรัก 사랑에 빠지다
똑 룸 락r

แฟน 남자(여자) 친구, 애인
퐤f -ㄴ

เลิก 헤어지다
르ㅓ-ㄱ

หมั้น 약혼하다
만

ขอแต่งงาน 청혼하다
커- 땡 응아-ㄴ

แต่งงาน 결혼하다
땡 응아-ㄴ

งานแต่งงาน 결혼식
응아-ㄴ 땡 응아-ㄴ

เจ้าสาว 신부, 약혼녀
짜오 싸- 우

เจ้าบ่าว 신랑, 약혼자
짜오 바- 우

เค้กแต่งงาน 웨딩 케이크
케-ㄱ 땡 응아-ㄴ

แหวนแต่งงาน 결혼반지
왜-ㄴ 땡 응아-ㄴ

ตั้งครรภ์ 임신하다
땅 칸

คลอดลูก 출산하다
클러-ㄷ 루-ㄱ

วันครบรอบ 기념일
완 크로r-ㅂ러r-ㅂ

นอกใจ 바람피우다, 외도하다
너-ㄱ 짜이

แยกกันอยู่ 별거하다
얘-ㄱ 깐 유-

หย่า 이혼하다
야-

แม่หม้าย 과부
매- 마-이

พ่อหม้าย 홀아비
퍼- 마-이

เสียชีวิต 돌아가시다
씨-야치-윋

งานศพ 장례식
응아-ㄴ 쏩

สุสาน 무덤
쑤싸-ㄴ

64

미니 테스트

단어 암기 동영상을 보면서 복습하세요

1 다음 단어의 뜻을 적어 보세요.

1 เด็ก _____ 2 ผู้ใหญ่ _____

3 แต่งงาน _____ 4 อายุ _____

5 ผู้ชาย _____ 6 ผู้หญิง _____

2 다음 뜻을 태국어로 써 보세요.

1 약혼하다 _____ 2 청혼하다 _____

3 결혼반지 _____ 4 기념일 _____

5 이혼하다 _____ 6 장례식 _____

3 태국어와 우리말 뜻을 알맞게 연결해 보세요.

1 ตั้งครรภ์ • • ① 신부, 약혼녀

2 คลอดลูก • • ② 출산하다

3 เจ้าสาว • • ③ 신랑, 약혼자

4 เจ้าบ่าว • • ④ 소개팅

5 การนัดบอด • • ⑤ 임신하다

---

1 1. 어린이, 아이 2. 어른, 성인 3. 결혼하다 4. 나이 5. 남자 6. 여자
2 1. หมั้น 2. ขอแต่งงาน 3. แหวนแต่งงาน 4. วันครบรอบ 5. หย่า 6. งานศพ
3 1. ⑤ 2. ② 3. ① 4. ③ 5. ④

วันที่ 10 계절과 날씨

공부순서: ☐ MP3 듣기 ➡ ☐ 단어 암기 ➡ ☐ 예문 빈칸 채우기 ➡ ☐ 단어암기 동영상

🎧 MP3를 들어보세요

แจ่มใส
쨈 싸이
화창하다

เมฆ
메-ㄱ
구름

ฝน
폰 f
비

หิมะ
히 마
눈

ลม
롬
바람

พายุ
파-유
폭풍

플러스 단어

ภูมิอากาศ 기후
푸-미 아-까-ㄷ

พยากรณ์อากาศ 일기예보
파야-꺼-ㄴ 아-까-ㄷ

ฟ้าร้อง 천둥
퐈f-러r-ㅇ

ฟ้าแลบ 번개
퐈f- 랩

ลมฝน 비바람
롬 폰f

หมอก 안개
머- ㄱ

พายุฝนฟ้าคะนอง 뇌우
파-유 폰f퐈f- 카너-ㅇ

พายุหิมะ 눈보라
파-유 히마

ตุ๊กตาหิมะ 눈사람
뚝 까따- 히마

การเล่นปาหิมะ 눈싸움
까-ㄴ 렌 빠- 히마

ลูกเห็บ 우박
루-ㄱ 헵

ฝนปนหิมะ 진눈깨비
폰f 쁜 히마

รุ้งกินน้ำ 무지개
룽r낀나-ㅁ

ฝนไล่ช้าง 소나기
폰f 라이차-ㅇ

ฤดูฝน 장마철
르r두- 폰f

ปริมาณน้ำฝน 강수량
빠리마-ㄴ 남폰f

ฝุ่นเหลือง 황사
푼f 르-앙

หน้าแล้ง 가뭄
나- 래-ㅇ

สภาวะโลกร้อน 지구 온난화
싸파-와 로-ㄱ러r-ㄴ

อบอุ่น 따뜻한
옵 운

แจ่มใส 맑은
쨈 싸이

เย็นยะเยือก 몹시 추운
옌y 야y 이으y-악

ฝนน้ำแข็ง 비얼음
폰f 남 캥

พายุไต้ฝุ่น 태풍
파-유 따이푼f

พายุเฮอริเคน 허리케인
파-유 흐r-리r케-ㄴ

พายุสึนามิ 쓰나미
파-유 쓰나-미

พายุทอร์นาโด 토네이도
파-유 터-나-도-

แผ่นดินไหว 지진
팬 딘 와이

หน้ากากอนามัย 위생마스크
나-까-ㄱ 아나-마이

พัดลม 선풍기
팟 롬

แอร์ 에어컨
애-

เครื่องทำความร้อน 난방기
크르r-앙 탐콰-ㅁ러r-ㄴ

องศาฟาเรนไฮต์ 화씨의
옹싸- 퐈f-레r-ㄴ 하이

องศาเซลเซียส 섭씨의
옹싸- 쎄-(우)씨-앋

มลภาวะทางอากาศ 대기오염
몬라파-와 타-ㅇ 아-까-ㄷ

미니 테스트

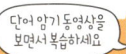

1 다음 단어의 뜻을 적어 보세요.

1 แจ่มใส _____ 2 ฝน _____

3 หิมะ _____ 4 ฤดู _____

5 ร่ม _____ 6 เสื้อกันฝน _____

2 다음 뜻을 태국어로 써 보세요.

1 일기예보 _____ 2 무지개 _____

3 선풍기 _____ 4 에어컨 _____

5 장마철 _____ 6 비바람 _____

3 태국어와 우리말 뜻을 알맞게 연결해 보세요.

1 ตุ๊กตาหิมะ • • ① 소나기

2 ลูกเห็บ • • ② 지구 온난화

3 ฝนไล่ช้าง • • ③ 눈사람

4 สภาวะโลกร้อน • • ④ 우박

5 หน้ากากอนามัย • • ⑤ 위생 마스크

1 1. 화창하다 2. 비 3. 눈 4. 계절 5. 우산 6. 비옷
2 1. พยากรณ์อากาศ 2. รุ้งกินน้ำ 3. พัดลม 4. แอร์ 5. ฤดูฝน 6. ลมฝน
3 1. ③ 2. ④ 3. ① 4. ② 5. ⑤

วันที่ **10** 계절과 날씨   71

วันที่ 11

공부순서: ☐ MP3 듣기 ➡ ☐ 단어 암기 ➡ ☐ 예문 빈칸 채우기 ➡ ☐ 단어암기 동영상

동식물과 자연

🎧 MP3를 들어보세요

หมา
마-
개

แมว
매-우
고양이

ไก่
까이
닭

วัว
우-워
소

ม้า
마-
말

หมู
무-
돼지

*동물의 암컷은 **ตัวเมีย** 뚜-워 미-야 라고 하고, 수컷은 **ตัวผู้** 뚜-워 푸- 라고 한다.

#	คำศัพท์	ตัวอย่างประโยค
128	**สัตว์** 쌋 동물	เขาชอบ ____ มากครับ(ค่ะ) 카오 ช͡อ-ㅂ 마-ㄱ 크랍 카 그는 동물을 좋아해요.
129	**นก** 녹 새	____ กำลังบินอยู่บนท้องฟ้าครับ(ค่ะ) 깜랑 빈 유- 본 터-ㅇ퐈- 크랍 카 새가 하늘을 날고 있어요.
130	**ปลา** ㅃ라- 물고기	จับ ____ ได้กี่ตัวครับ(คะ) 짭 다이 끼- 뚜-워 크랍 카 물고기 몇 마리 잡았어요?
131	**สัตว์เลี้ยง** 쌋 리-양 애완동물	มี ____ ไหมครับ(คะ) 미- 마이 크랍 카 애완동물 있으세요?
132	**แมลง** 마ㄹ래-ㅇ 벌레, 곤충	เธอไม่ชอบ ____ ครับ(ค่ะ) 트+- 마이 ช͡อ-ㅂ 크랍 카 그녀는 벌레를 싫어해요.
133	**เลี้ยงสัตว์** 리-양 쌋 (동물을) 기르다	แม่ไม่ชอบ ____ ครับ(ค่ะ) 매- 마이 ช͡อ-ㅂ 크랍 카 엄마는 애완동물 기르는 걸 싫어해요.

วันที่ **11** 동식물과 자연

플러스 단어

ลูกหมา 강아지
루-ㄱ 마-

ลูกแมว 새끼 고양이
루-ㄱ 매-우

เป็ด 오리
뻳

กระต่าย 토끼
끄라r따-이

หนูแฮมสเตอร์ 햄스터
누- 해-ㅁ 싸뜨ㅓ-

สัตว์ป่า 야생 동물
쌋 빠-

หมี 곰
미-

ลิง 원숭이
링

ช้าง 코끼리
차-ㅇ

งู 뱀
응우-

ปลาวาฬ 고래
쁠라- 와-ㄴ

เต่า 거북이
따오

สิงโต 사자
씽 또-

ฮิปโปโปเตมัส 하마
힙 뽀- 뽀- 떼 맏

จระเข้ 악어
쩌-라r케-

ปลาฉลาม 상어
쁠라- 찰라-ㅁ

มหาสมุทร 대양
마 하- 싸 묻

ทะเล 바다
타ㄹ레-

อาณาเขต 영토, 영역
아-나-케-ㄷ

แผ่นดินใหญ่ 육지
팬딘 야이

ทวีป 대륙
타위-ㅂ

พืช 식물
프-ㄷ

ดอกกุหลาบ 장미
더-ㄱ 꾸ㄹ라-ㅂ

ดอกลิลลี่ 백합
더-ㄱ 린리-

ต้นทานตะวัน 해바라기
똔 타-ㄴ 따완

ดอกทิวลิป 튤립
더-ㄱ 티우ㄹ립

ต้นโอ๊ก 참나무
똔 오-ㄱ

ต้นสน 소나무
똔 쏜

ต้นเมเปิล 단풍나무
똔 메-뻐ㅓ-ㄴ

ราก 뿌리
라r-ㄱ

ลำต้น 줄기
람 똔

ต้นกระบองเพชร 선인장
똔 끄라r버-ㅇ 펟

วัชพืช 잡초
왇차프-ㄷ

เนิน 언덕
느ㅓ-ㄴ

ทะเลสาบ 호수
타ㄹ레- 싸-ㅂ

ทุ่งหญ้า 목초지
퉁 야-

สวนผลไม้ 과수원
쑤-원 폰라마-이

미니 테스트

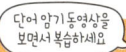

단어 암기 동영상을 보면서 복습하세요.

1 다음 단어의 뜻을 적어 보세요.

1 หมา _____   2 แมว _____

3 ไก่ _____   4 ม้า _____

5 หมู _____   6 สัตว์ _____

2 다음 뜻을 태국어로 써 보세요.

1 물고기 _____   2 강 _____

3 나무 _____   4 꽃 _____

5 오리 _____   6 곰 _____

3 태국어와 우리말 뜻을 알맞게 연결해 보세요.

1 ช้าง   • ① 코끼리

2 งู   • ② 바다

3 เต่า   • ③ 사자

4 ทะเล   • ④ 거북이

5 สิงโต   • ⑤ 뱀

1 1. 개 2. 고양이 3. 닭 4. 말 5. 돼지 6. 동물
2 1. ปลา 2. แม่น้ำ 3. ต้นไม้ 4. ดอกไม้ 5. เป็ด 6. หมี
3 1. ① 2. ⑤ 3. ④ 4. ② 5. ③

วันที่ 12

우리집

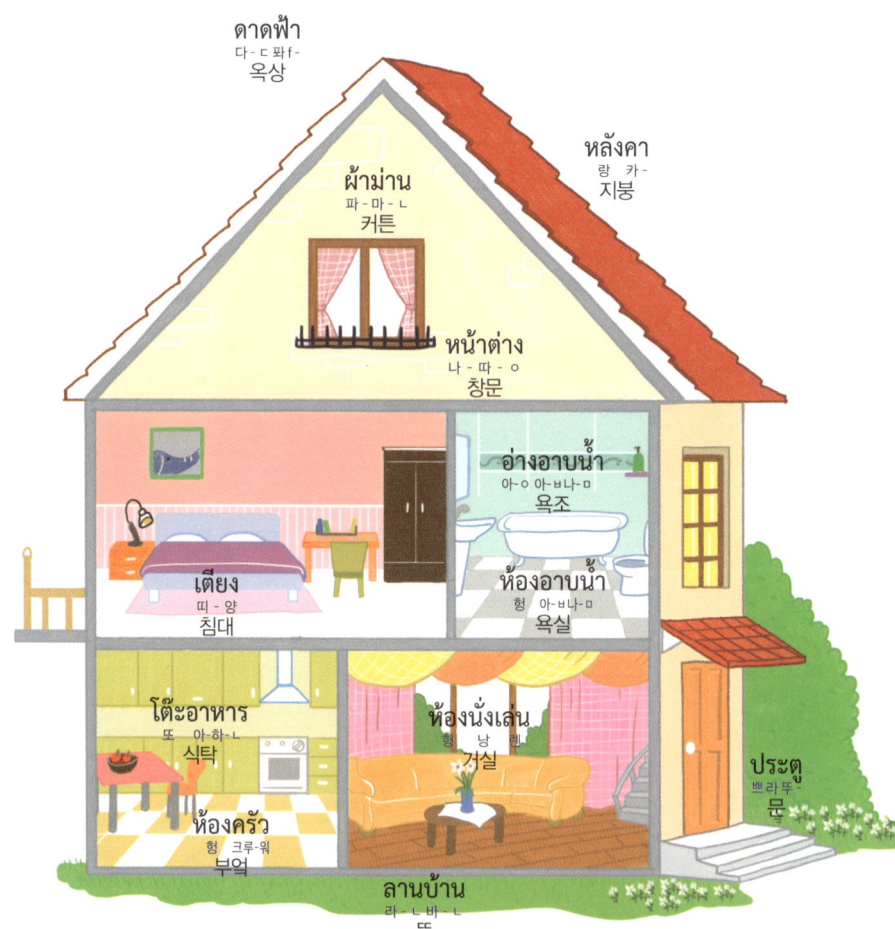

146	**บ้าน** 바-ㄴ 집	จาก(ที่) ___ ถึง(ที่)โรงเรียนไม่ไกลครับ(ค่ะ) 짜-ㄱ (티-) 틍 (티-) ร-ㅇ리r-얀 마이 끌라이 크랍 카 집에서 학교까지 멀지 않아요.
147	**ห้อง** 헝 방	มีใครอยู่ใน ___ ไหมครับ(คะ) 미-크라이 유- 나이 마이 크랍 카 방에 누가 있어요?
148	**ประตู** 쁘라뚜- 문	ปิด ___ เบาๆครับ(ค่ะ) 삗 바오바오 크랍 카 문을 살살 닫으세요.
149	**หน้าต่าง** 나- 따-ㅇ 창문	ห้องนั้นไม่มี ___ ครับ(ค่ะ) 헝 난 마이미- 크랍 카 그 방은 창문이 없어요.
150	**สนามหญ้า** 싸나-ㅁ 야- 정원	อยากมี ___ ที่บ้านครับ(ค่ะ) 야-ㄱ 미- 티- 바-ㄴ 크랍 카 정원이 있는 집을 갖고 싶어요.
151	**อพาร์ทแม้นท์** 아파-ㄷ 멘 아파트	ใช้ชีวิตที่ ___ ดีกว่าครับ(ค่ะ) 차이 치-윋 티- 디- 꽈- 크랍 카 아파트에 사는 게 더 좋아요.

วันที่ **12** 우리집

152
เฟอร์นิเจอร์
프ㅓ-니-쯔ㅓ-
가구

ทั้งหมดนี้ดูแพงครับ(ค่ะ)
탕 몯 니- 두- 패-ㅇ 크랍 카
가구가 전부 비싸 보이네요.

153
ผนัง
파낭
벽

บ้านหลังนี้หนามากครับ(ค่ะ)
바-ㄴ 랑 니- 나- 마-ㄱ 크랍 카
이 집 벽은 매우 두꺼워요.

154
ดาดฟ้า
다-ㄷ 퐈f-
옥상

บ้านหลังนี้มีสวนเล็กๆอยู่บน ครับ(ค่ะ)
바-ㄴ 랑 니- 미- 쑤-원 렉렉 유- 본 크랍 카
우리 집 옥상에는 작은 정원이 있어요.

155
เพดาน
페-다-ㄴ
천장

สูงจริงๆครับ(ค่ะ)
쑤-ㅇ 찡찡 크랍 카
집 천장이 정말 높아요.

156
พื้น
프ㅡㄴ
바닥

นิยม หินอ่อนครับ(ค่ะ)
니욤 힌 어-ㄴ 크랍 카
대리석 바닥을 선호해요.

157
ย้าย
야-이
이사하다

พึ่ง มาที่นี่ปีนี้ครับ(ค่ะ)
픙 마- 티-니- 삐-니- 크랍 카
올해 여기로 이사 왔어요.

집 안에서 볼 수 있는 물건

 침실

ตู้ลิ้นชัก 서랍장
뚜- 린착

ตู้บิวท์อิน 붙박이장
뚜- 비우인

โต๊ะเครื่องแป้ง 화장대
또 크르r-앙뺴-ㅇ

โต๊ะข้างเตียง (침대 옆)사이드 테이블
또 카-ㅇ띠-양

โคมไฟข้างเตียง (침대 옆)램프
코-ㅁ퐈f이 카-ㅇ띠-양

นาฬิกาปลุก 자명종
나-리까- 쁠룩

หมอน 베개
머-ㄴ

ผ้าคลุมเตียง (침대)시트
파- 클룸띠-양

ผ้าห่ม 담요
파- 홈

ผ้าห่มไฟฟ้า 전기담요
파- 홈 퐈이퐈f-

มู่ลี่ 블라인드
무-르리-

เครื่องทำความชื้น 가습기
크르r-앙 탐콰-ㅁ츠-ㄴ

 욕실

อ่างล้างหน้า 세면대
아-ㅇ 라-ㅇ나-

โถส้วม 변기
토- 쑤-왐

ก๊อกน้ำ 수도꼭지
꺽 나-ㅁ

ผ้าเช็ดหน้า 수건
파- 쳇 나-

เครื่องเป่าผม 헤어드라이어
크르r-앙 빠오 폼

หวี 빗, (머리를) 빗다
위-

สบู่ 비누
싸부-

แชมพู 샴푸
채-ㅁ푸-

ยาสีฟัน 치약
야-씨-퐌f

แปรงสีฟัน 칫솔
쁘래-ㅇ 씨-퐌f

ไหมขัดฟัน 치실
마이 캇 퐌f

น้ำยาบ้วนปาก 구강 청정제
남야- 부-원 빠-ㄱ

ที่โกนหนวด 면도기
티- 꼬-ㄴ누-왓

โซฟา 소파
쏘-퐈f-

โต๊ะห้องรับแขก (거실용)탁자
또 형 랍r 캐-ㄱ

เตาผิงติดผนัง 벽난로
따오 핑 띧 파낭

ตู้หนังสือ 책장
뚜- 낭쓰-

โทรทัศน์ติดผนัง 벽걸이 텔레비전
토-라r탇 띧 파낭

เครื่องดูดฝุ่น 청소기
크르r-앙 두-ㄷ푼f

พรม 카펫, 양탄자
프 롬 r

ตู้เย็น 냉장고
뚜-엔y

ที่ล้างจาน 개수대
티- 라-ㅇ짜-ㄴ

เตาแก๊ส 가스레인지
따오 깨-ㄷ

ไมโครเวฟ 전자레인지
마이크로r-웨-ㅂ

เตาอบ 오븐
따오 옵

เครื่องล้างจาน 식기세척기
크르r-앙 라-ㅇ짜-ㄴ

มีด 칼
미-ㄷ

แก้วไม่มีที่จับ (손잡이 없는)컵
깨-우 마이미- 티-짭

แก้วมัค 머그컵
깨-우 막

ถ้วยชา 찻잔
투-워이 차-

เขียง 도마
키 - 양

หม้อ 냄비
머-

กระทะ 프라이팬
끄라타

เครื่องผสม 믹서
크르r-앙 파쏨

เครื่องปิ้งขนมปัง 토스터
크르r-앙 삥 카놈 빵

จาน 접시
짜- ㄴ

ถาด 쟁반
타- ㄷ

ช้อน 숟가락
처- ㄴ

ส้อม 포크
썸

ตะเกียบ 젓가락
따 끼 - 얍

플러스 단어

ประตูหน้าบ้าน 대문, 현관문
쁘라뚜- 나-바-ㄴ

ระเบียง 베란다
라 r 비-양

ห้องใต้หลังคา 다락방
헝 따이 랑카-

ห้องเด็กเล็ก 아기방
헝 덱 렉

ปล่องไฟ 굴뚝
쁠렁 퐈이

ตู้จดหมาย 우편함
뚜 쫃 마-이

กริ่งประตู 초인종
끄링 쁘라뚜-

สัญญาณเตือนอัคคีภัย 화재경보기
싼야-ㄴ 뜨-안 악키파이

ห้องใต้ดิน 지하실
헝 따이 딘

โรงรถ 차고
로r-ㅇ 롣r

รั้ว 울타리
루r-워

วอลเปเปอร์ 벽지
워-ㄹ뻬-쁘ㅓ-

ปลั๊กไฟ 콘센트
쁠락 퐈f이

สำนักงานอสังหาริมทรัพย์ 부동산 중개소
쌈낙응아-ㄴ 아쌍하-림마쌉

ตัวแทนอสังหาริมทรัพย์ 부동산 중개인
뚜-워태-ㄴ 아쌍하-림마쌉

ชั้นล่าง 아래층
찬 라-ㅇ

ชั้นบน 위층
찬 본

เจ้าของบ้าน 집주인
짜오커-ㅇ 바-ㄴ

ผู้เช่าอยู่อาศัย 세입자
푸-차오 유-아-싸이

ยาม / ร.ป.ภ. 경비원
야y-ㅁ 러-뻐-퍼-

ค่าเช่าห้อง 임대(대여)료
카-차오 헝

ใจกลางเมือง 시내 중심
짜이끌라-ㅇ 므-앙

ชานเมือง 근교
차-ㄴ 므-앙

เมือง 도시
므-앙

ชนบท 시골
촌나볻

ตกแต่ง 꾸미다
똑 땡

ประดับ 장식하다
쁘라답

ซ่อมแซม 수리하다, 수선하다
썸 쌔-ㅁ

รื้อ 철거하다
르r-

미니 테스트

단어 암기 동영상을 보면서 복습하세요.

1 다음 단어의 뜻을 적어 보세요.

1 เตียง _____   2 ห้องครัว _____

3 ประตู _____   4 หน้าต่าง _____

5 ผ้าม่าน _____   6 ดาดฟ้า _____

2 다음 뜻을 태국어로 써 보세요.

1 주소 _____   2 계단 _____

3 엘리베이터 _____   4 주차장 _____

5 베개 _____   6 블라인드 _____

3 태국어와 우리말 뜻을 알맞게 연결해 보세요.

1 ตู้หนังสือ   •   • ① 빗

2 หวี   •   • ② 냄비

3 แชมพู   •   • ③ 책장

4 หม้อ   •   • ④ 칫솔

5 แปรงสีฟัน   •   • ⑤ 샴푸

---

1 1. 침대 2. 부엌 3. 문 4. 창문 5. 커튼 6. 옥상
2 1. ที่อยู่ 2. บันได 3. ลิฟต์ 4. ที่จอดรถ 5. หมอน 6. มู่ลี่
3 1. ③ 2. ① 3. ⑤ 4. ② 5. ④

วันที่ **12** 우리집

วันที่ 13 식생활

ข้าวผัดปู
카-우팥 뿌
게살 볶음밥

ผัดกระเพราหมูสับ
팥 끄라프라오 무-쌉
돼지고기 바질 볶음

ต้มยำกุ้ง
똠 얌 꿍
태국식 수프 요리

มะม่วง
마 무-웡
망고

แตงโมปั่น
때-ㅇ모-빤
수박주스

ไข่เจียว
카이찌-여우
계란 오믈렛

ผัดไทย
팥 타 이
태국식 볶음면 요리

ปูผัดผงกะหรี่
뿌-팥 퐁 까리-
커리볶음 게 요리

แกงจืด
깨-ㅇ쯔-ㄷ
맑은 국

ก๋วยเตี๋ยวหมู
꾸-워이띠여우 무-
돼지고기 쌀국수

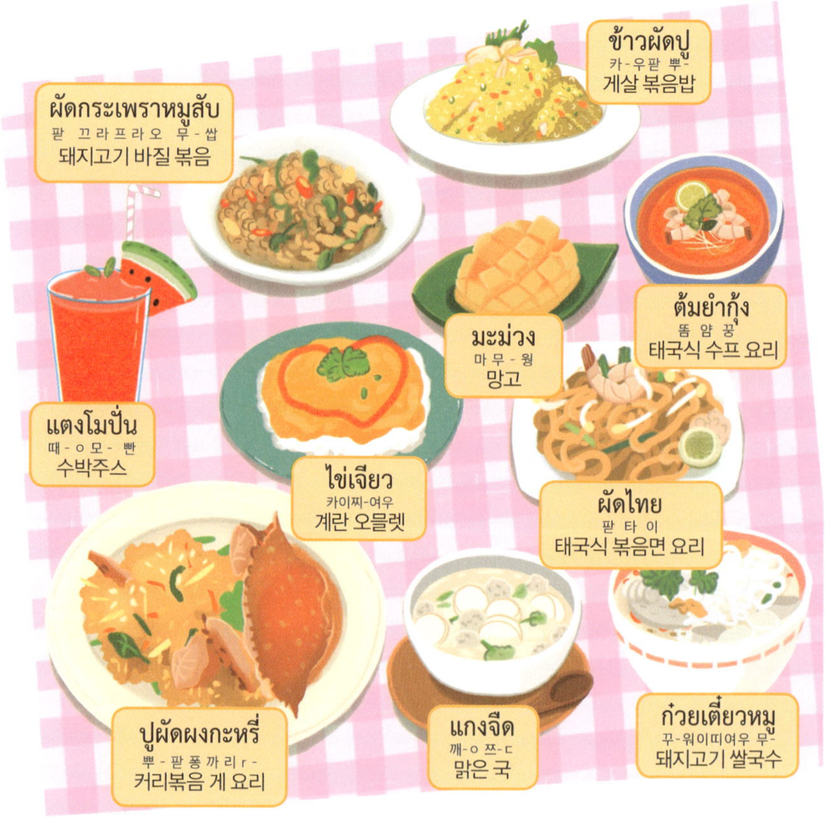

#	ไทย	เกาหลี	ประโยค
170	แกง (깽-ㅇ)	국(탕)	เธอชอบ ___ กะหรี่ครับ(ค่ะ) 그녀는 카레 수프를 좋아해요.
171	ขนมปัง (카놈 빵)	빵	___ ต้องกินกับนมครับ(ค่ะ) 빵은 우유하고 같이 먹어야 해요.
172	ของหวาน (커-ㅇ와-ㄴ)	디저트, 후식	อยากกินอะไรเป็น ___ ครับ(คะ) 후식으로 뭘 드시겠어요?
173	ผัก (팍)	채소	เด็กๆไม่ชอบกิน ___ ครับ(ค่ะ) 아이들은 채소 먹는 걸 싫어해요.
174	ผลไม้ (폰 라 마-이)	과일	___ ไทยมีหลายชนิดครับ(คะ) 태국 과일은 여러 종류가 있어요.
175	ออร์แกนิค (어-깨-닉)	유기농의	แอปเปิลลูกนี้เป็น ___ หรอครับ(คะ) 이 사과는 유기농인가요?

자주 먹는 과일, 채소, 육류, 해산물, 음료, 주류

과일

แอปเปิล	เมล่อน	แคนตาลูปเกาหลี	กีวี่
앺쁘ㅓ-ㄴ	메-ㄹ런	캐-ㄴ따-ㄹ루-ㅂ까오리-	끼-위-
사과	멜론	참외	키위

ลูกแพร์	ส้ม	มะม่วง	ลูกพีช
루-ㄱ패-	쏨	마무-웡	루-ㄱ피-ㄷ
배	오렌지	망고	복숭아

องุ่น	เชอร์รี่	กล้วย	ลูกพลัม
아ㅇ운	츠ㅓ-리	끌루어이	루-ㄱ플람
포도	체리	바나나	자두

채소

มันฝรั่ง	ข้าวโพด	บลอคโคลี	ผักโขม
만 퐈fㅏ랑	카-우포-ㄷ	브럭코-ㄹ리-	팍코-ㅁ
감자	옥수수	브로콜리	시금치

หัวหอม	มะเขือเทศ	ถั่ว	มะเขือยาว
후-워 허-ㅁ	마크-아 테-ㄷ	투-워	마크-아 야-우
양파	토마토	콩	가지

แครอท	บีทรูท	หัวไชเท้า	ผักขึ้นฉ่าย
캐-럳 r	빋루r-ㄷ	후-워 차이타-오	팍 큰 차-이
당근	비트	무	셀러리

เห็ด	กะหล่ำปลี	กระเทียม	ขิง
헫	까ㄹ람쁠리-	끄라티-얌	킹
버섯	양배추	마늘	생강

육류

เนื้อวัว	เนื้อลูกวัว	สเต็ก	เนื้อหมู
느-아우-워	느-아루-ㄱ우-워	싸 떽	느-아 무-
소고기	송아지 고기	스테이크	돼지고기

เนื้อไก่	เนื้อแกะ	ซี่โครง	ไส้กรอก
느-아 까이	느-아 깨	씨-크로-ㅇ	싸이끄라r-ㄱ
닭고기	양고기	갈비	소시지

해산물

ปลาแซลมอน	ปลาเทราต์	ปลาหมึก	ปลาทูน่า
쁠라-쌔-(우)언	쁠라-테-라r-	쁠라- 묵	쁠라- 투-나-
연어	송어	오징어	참치

ปลากระเบน	หอย	ปลาเฮร์ริ่ง	กุ้ง
쁠라- 끄라베-ㄴ	허-이	쁠라- 헤-링	꿍
가자미	조개	청어	새우

ปู	ปลากะตัก	หอยนางรม	ล็อบสเตอร์
뿌-	쁠라- 까딱	허-이 나-ㅇ롬	럽ㅆ뜨ㅓ-
게	멸치	굴	바닷가재

음료, 주류

น้ำเปล่า	น้ำมะนาว	โค้ก	ชา
남 쁠라-오	남 마나-우	코-ㄱ	차-
물	레모네이드	콜라	차

เครื่องดื่มอัดลม	ไวน์	เบียร์	ค็อกเท็ล
크르r-앙드-ㅁ앝롬r	와-이	비-야	컥 테-우
탄산음료	와인	맥주	칵테일

플러스 단어

นิสัยการกิน 식습관
니싸이 까-ㄴ낀

บริโภคมากเกินไป 과식하다
버-리포-ㄱ 마-ㄱ끄ㅓ-ㄴ빠이

มังสวิรัติ 채식주의
망 싸 위 랃r

ฟาสต์ฟูด 패스트푸드
퐈f-ㅆ 푸f-ㄷ

อาหารจานด่วน 즉석요리(패스트푸드)
아-하-ㄴ 짜-ㄴ 두-원

อาหารคุณภาพต่ำ 불량 식품
아-하-ㄴ 쿤나파-ㅂ땀

การทำอาหาร 요리
까-ㄴ 탐아-하-ㄴ

อาหารจานหลัก 주식(주요리)
아-하-ㄴ 짜-ㄴ 락

อาหารทะเล 해산물
아-하-ㄴ 타ㄹ레-

ประเภทเนื้อสัตว์ 육류
쁘라페-ㄷ ㄴ으아 쌑

เครื่องปรุงรส 양념, 향신료
크ㄹr-앙 쁘룽r롣r

น้ำตาล 설탕
남따-ㄴ

เกลือ 소금
끌ㄹ-아

รสขม (맛이) 쓰다
롣r 콤

รสหวาน (맛이) 단, 달콤한
롣r 와-ㄴ

เค็ม (맛이) 짜다
켐

สุก (고기 등을) 익히다
쑥

ปิ้งขนมปัง 빵을 굽다
삥 카놈 빵

ต้ม 끓이다, 삶다
똠

ผัด 볶다, 지지다
팓

นึ่ง 찌다
능

รมควัน 훈제하다
롬r 콴

달걀 조리법에 대한 표현

ไข่ยางมะตูม 물에 살짝 데쳐 흰자만 익힌 계란
카이야-ㅇ 마뚜-ㅁ

ไข่ดาว 프라이
카이 다-우

ไข่ดาวไม่สุก 반숙
카이다-우 마이쑥

ไข่ดาวสุก 완숙
카이다-우 쑥

ไข่ลวก 수란
카이 루-악

ไข่เจียว 오믈렛
카이 찌-여우

미니 테스트

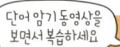

단어 암기 동영상을
보면서 복습하세요

1 다음 단어의 뜻을 적어 보세요.

1 นม _____   2 ไข่ไก่ _____

3 ผลไม้ _____   4 กาแฟ _____

5 อาหาร _____   6 ไดเอท _____

2 다음 뜻을 태국어로 써 보세요.

1 후식, 디저트 _____   2 음료 _____

3 맛 _____   4 맛있는 _____

5 오렌지 _____   6 포도 _____

3 태국어와 우리말 뜻을 알맞게 연결해 보세요.

1 ข้าวโพด • • ① 버섯

2 กล้วย • • ② 옥수수

3 หัวหอม • • ③ 양파

4 เห็ด • • ④ 조개

5 หอย • • ⑤ 바나나

1 1. 우유 2. 달걀 3. 과일 4. 커피 5. 음식 6. 다이어트
2 1. ของหวาน 2. เครื่องดื่ม 3. รสชาติ 4. อร่อย 5. ส้ม 6. องุ่น
3 1. ② 2. ⑤ 3. ③ 4. ① 5. ④

วันที่ **13** 식생활

วันที่ 14 의복과 미용

공부순서: ☐ MP3 듣기 ➡ ☐ 단어 암기 ➡ ☐ 예문 빈칸 채우기 ➡ ☐ 단어암기 동영상

🎧 MP3를 들어보세요

- หมวก 무-웍 모자
- แว่นตา 웬 따- 안경
- เน็กไท 넥 타이 넥타이
- นาฬิกา 나-리까- 시계
- แจ็กเก็ต 짹 껫 재킷
- กระดุม 끄라둠 단추
- กางเกง 까-o께-o 바지
- กระเป๋า 끄 라 빠오 가방
- เชือกรองเท้า 츠-악 러r-o타-오 신발끈
- รองเท้า 러r-o타-오 신발

194
ลองใส่ดู
러-ㅇ 싸이 두-
입어보다

_____ ได้ไหมครับ(คะ)
다이 마이 크랍 카
이거 입어 봐도 돼요?

195
รัดรูป
롿r 루r-ㅂ
타이트하다

เธอชอบใส่เสื้อ _____ ครับ(ค่ะ)
트ㅓ- 처-ㅂ 싸이 쓰-아 크랍 카
그녀는 타이트하게 입는 걸 좋아해요.

196
หลวม
루-웜
헐렁하다, 느슨하다

เสื้อยืดตัวนี้ _____ ไปครับ(ค่ะ)
쓰-아 이으-ㄷ 뚜-워니- 빠이 크랍 카
이 티셔츠는 너무 헐렁해요.

197
กระจก
끄라r쪽
거울

ขอดู _____ หน่อยครับ(ค่ะ)
커- 두- 너이 크랍 카
거울 좀 보여 주세요.

Tip

색깔 이름

สีแดง 빨간색
씨-대-ㅇ

สีชมพู 분홍색
씨-촘푸-

สีขาว 흰색
씨-카-우

สีส้ม 오렌지색
씨-쏨

สีเงิน 은색
씨-응어ㄴ

สีน้ำเงิน 파란색
씨-남응어ㄴ

สีม่วง 보라색
씨-무-웡

สีดำ 검은색
씨-담

สีฟ้า 하늘색
씨-퐈-

สีทอง 금색
씨-터-ㅇ

สีเหลือง 노란색
씨-르-앙

สีเขียว 녹색
씨-키-여우

สีน้ำตาล 갈색
씨-남따-ㄴ

สีเทา 회색
씨-타오

สีน้ำตาลอ่อน 베이지색
씨-남따-ㄴ 어-ㄴ

198
เครื่องสำอาง
ครr-อัง ซัมอา-ง
화장품

อุ้ย! เยอะจริงๆค่ะ
우이 เยอะ 찡찡 카
어머나! 화장품이 정말 많아요.

199
ตัด
딷
커트(이발)하다

ผมใหม่มาเป็นยังไงครับ (คะ)
폼 마이 마- 뻰 양응아이 크랍
카
새로 자른 머리가 어때요?

200
ทันสมัย
탄 싸마이
유행을 따르다

เธอ ตลอดครับ(ค่ะ)
트ㅓ- 따ㄹㅓ-ㄷ 크랍 카
그녀는 항상 유행을 잘 따라요.

201
เข้ากับ
카오 깝
~와 어울리다

หมวกใบนี้ คุณมากครับ (ค่ะ)
무-왁 바이 니- 쿤 마-ㄱ 크랍
카
이 모자는 당신한테 잘 어울려요.

화장품 이름

โทนเนอร์ 스킨 토너
토-ㄴ너-

โลชั่น 로션
로-찬

ครีม 크림
크ㄹㅣ-ㅁ

แป้งฝุ่น 파우더
빼-ㅇ푼f

แป้งรองพื้น 파운데이션
빼-ㅇ러ㅓ-ㅇ프-ㄴ

มาสคาร่า 마스카라
마ㅆ카-라r-

บลัชเชอร์ 블러셔
블랏츠ㅓ-

แปรงปัดแก้ม 볼터치 솔
쁘래r-ㅇ 빧께-ㅁ

ลิปสติก 립스틱
립 싸 띡

น้ำยาทาเล็บ 매니큐어
남야- 타-렙

น้ำหอม 향수
남허-ㅁ

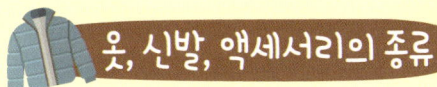
옷, 신발, 액세서리의 종류

| เสื้อยืด
쓰-아 이으y-ㄷ
티셔츠 | สเวตเตอร์
싸 웻 뜨ㅓ-
스웨터 | ชุดเดรส
춘 드레r-ㄷ
원피스 | กางเกงขาสั้น
까-ㅇ께-ㅇ 카-싼
반바지 |

| เสื้อคลุม
쓰-아 클룸
외투 | ชุดสากลนิยม
춘 싸-꼰 니욤
정장 | ชุดออกกำลังกาย
춘 어-ㄱ 깜랑까-이
운동복 | เสื้อเชิ้ต
쓰-아츠ㅓ-ㄷ
와이셔츠 |

| เสื้อคอเต่า
쓰-아 커-따오
터틀넥, 목폴라 | เสื้อกาวน์
쓰-아 까-우
가운 | กระโปรง
끄라쁘로r-ㅇ
치마 | เสื้อโค้ทยาว
쓰-아 코-ㄷ야-우
바바리코트 |

| ชุดนอน
춘 너-ㄴ
잠옷 | รองเท้า
러-ㅇ타-오
구두 | เสื้อผู้หญิง
쓰-아 푸-잉y
블라우스 | คาร์ดิเกน
카-디껜
카디건 |

| ทักซิโด้
탁씨도-
턱시도 | ชุดเอี๊ยม
춘 이-얌
멜빵바지, 점프슈트 | ชุดว่ายน้ำ
춘 와-이나-ㅁ
수영복 | รองเท้าแตะ
러-ㅇ타-오 때
슬리퍼 |

| เสื้อยืดที่มีหมวก
쓰-아 이으y-ㄷ 티- 미-무-웍
후드 티셔츠 | เสื้อกั๊ก
쓰-아깍
조끼 | หมวกเบสบอล
무-웍 베-ㄷ버-ㄴ
야구 모자 | ผ้าพันคอ
파-판 커-
목도리 |

| ที่อุดหู
티-욷후-
귀마개 | เน็กไทแบบหูกระต่าย
넥타이 배-ㅂ후- 끄라따-이
나비넥타이 | รองเท้าผ้าใบ
러-ㅇ타-오 파-바이
운동화 | รองเท้าบู๊ท
러-ㅇ타-오 부-ㄷ
부츠 |

 플러스 단어

ผ้า 천
파-

ชุดชั้นใน 속옷
춘 찬 나이

ปกคอเสื้อ 옷깃, 칼라
뽁 커-쓰-아

แขนเสื้อ 소매
캐-ㄴ 쓰-아

กระดุม 단추
끄라r둠

ซิป 지퍼
씹

กระเป๋าถุง 주머니, 호주머니
끄라r빠오 퉁

ต่างหู 귀걸이
따-ㅇ후-

สร้อยคอ 목걸이
써-이 커

แหวน 반지
왜-ㄴ

สร้อยข้อมือ 팔찌
써-이 커-므-

เข็มกลัด 브로치
켐 끌랏

เข็มขัด 벨트
켐 캇

ที่คาดผม 머리띠
티-카-ㄷ 폼

กิ๊บติดผม 머리핀
낍 띳 폼

ยางรัดผม 머리 고무줄
야-ㅇ 랏r 폼

ทรงผม 헤어스타일
쏭 폼

แบบ 패턴
배-ㅂ

สัญลักษณ์ 문양
싼야락

ลายสก็อต 체크무늬
라-이 싸껏

ลายเส้น 줄무늬
라-이 쎈

ไม่มีลวดลาย 민무늬
마이미-루-월 라-이

ลายจุด 물방울무늬
라-이 쭛

ลายดอกไม้ 꽃무늬의
라-이 더-ㄱ 마-이

เครื่องประดับ 액세서리, 장신구
크르r-앙 쁘라r답

ห้องเปลี่ยนเสื้อ 탈의실
헝 쁠리-얀 쓰-아

ร้านเสริมสวย 미용실
라r-ㄴ 쓰ㅓ-ㅁ 쑤-워이

ร้านตัดผมชาย 이발소
라r-ㄴ 땃 폼 차-이

ร้านทำเล็บ 네일숍
라r-ㄴ 탐 렙

ช่างตัดผม 이발사
차-ㅇ 땃폼

การดูแลเส้นผม 머리 관리
까-ㄴ 두-래-쎈- 폼

การดูแลผิว 피부 관리
까-ㄴ두-래-피우

การนวด 마사지
까-ㄴ 누-월

การดัดผม 파마
까-ㄴ 닷 폼

ทันสมัย 유행을 따르는
탄 싸마이

สไตล์ 스타일
싸 따 이

미니 테스트

단어 암기 동영상을
보면서 복습하세요.

1 다음 단어의 뜻을 적어 보세요.

1 กระเป๋า _____   2 รองเท้า _____

3 นาฬิกา _____   4 กางเกง _____

5 ใส่ _____   6 ถอด _____

2 다음 뜻을 태국어로 써 보세요.

1 양말 _____   2 분홍색 _____

3 티셔츠 _____   4 치마 _____

5 수영복 _____   6 운동화 _____

3 태국어와 우리말 뜻을 알맞게 연결해 보세요.

1 ชุดชั้นใน •   • ① 속옷

2 กระดุม •   • ② 반지

3 แหวน •   • ③ 헤어스타일

4 ทรงผม •   • ④ 꽃무늬의

5 ลายดอกไม้ •   • ⑤ 단추

---

1 1. 가방 2. 신발 3. 시계 4. 바지 5. 입다 6. 벗다
2 1. ถุงเท้า 2. สีชมพู 3. เสื้อยืด 4. กระโปรง 5. ชุดว่ายน้ำ 6. รองเท้าผ้าใบ
3 1. ① 2. ⑤ 3. ② 4. ③ 5. ④

วันที่ 15

공부순서: ☐ MP3 듣기 ➡ ☐ 단어 암기 ➡ ☐ 예문 빈칸 채우기 ➡ ☐ 단어암기 동영상

공항에서

MP3를 들어보세요

สนามบิน
싸나-ㅁ 빈
공항

เครื่องบิน
크르r-앙 빈
비행

พาสปอร์ต
파-쓰뻐-ㄷ
여권

ตั๋ว
뚜-워
티켓

สัมภาระ
쌈 파-라r
짐, 화물

พนักงานต้อนรับบนเครื่องบิน
파낙응아-ㄴ 떤랍r 본크르r-앙 빈
승무원

208
ทำหาย
탐 하-이
잃어버리다

เธอ / กระเป๋า / ครับ(ค่ะ)
그녀는 가방을 잃어버렸어요.

209
บินขึ้น
빈 큰
이륙하다

เครื่องบินกำลังจะ กรุณาปิดโทรศัพท์ครับ(ค่ะ)
비행기가 이륙합니다. 핸드폰을 꺼주세요.

210
ขึ้นเครื่องบิน
큰 크르r-앙빈
비행기를 타다

 จากกรุงเทพไปโซลใช้เวลากี่ชั่วโมงครับ(คะ)
방콕에서 서울까지 비행기로 몇 시간 걸려요?

211
ลงจอด
롱 쩌-ㄷ
착륙하다

เครื่องบิน ตามเวลาที่กำหนดครับ(ค่ะ)
비행기가 제시간에 착륙했어요.

212
ทางเดิน
타-ㅇ 드ㅓ-ㄴ
통로

ขอที่นั่งริม หน่อยครับ(ค่ะ)
통로 쪽 좌석으로 부탁해요.

213
การบริการ
까-ㄴ 버-리r까-ㄴ
서비스

ชอบ ของสายการบินนี้ครับ(ค่ะ)
이 항공사의 서비스가 마음에 들어요.

214
ตรวจสอบ
뜨루r-월 써-ㅂ
확인하다, 점검하다

215
กรอก
끄러r-ㄱ
(서식 등을) 작성하다

216
บินตรง
빈 뜨롱r
직항편

217
ประกาศ
쁘라r까-ㄷ
안내(게시)하다

กรุณา สิ่งของของคุณครับ
까루r나- 씽커-ㅇ커-ㅇ쿤 크랍
(ค่ะ)
카
자기 물건을 확인하세요.

กรุณา แบบสอบถามนี้ด้วย
까루r나- 배-ㅂ 써-ㅂ타-ㅁ 니-두-워이
ครับ(ค่ะ)
크랍 카
이 설문지를 작성하셔야 해요.

อยากได้เที่ยว ครับ(ค่ะ)
야-ㄱ 다이 티-여우 크랍 카
직항을 원해요.

โปรดฟังการ ครับ(ค่ะ)
쁘로r-ㄷ 팡f 까-ㄴ 크랍 카
안내방송을 들어주세요.

Tip
입국심사 때 물어보는 말

ขอดูพาสปอร์ตด้วยครับ(ค่ะ) 여권을 보여주세요.
커-두-파-ㅆ빼-ㄷ 두-어이 크랍 카

จุดประสงค์คืออะไรครับ(คะ) 방문하신 목적이 무엇입니까?
쭏 쁘라 쏭 크-아라이 크랍 카

จะอยู่นานเท่าไหร่ครับ(คะ) 얼마나 머물 계획이신가요?
짜 유-나-ㄴ 타오라r이 크랍 카

พักที่ไหนครับ(คะ) 어디에 묵으실 건가요?
팍 티-나이 크랍 카

플러스 단어

วีซ่า 비자
위-싸-

กระเป๋าเดินทาง 여행 가방
끄라r빠오 더r-ㄴ타-ㅇ

สัมภาระพกพา 휴대용 수화물
쌈파-라r 폭파-

เส้นทางภายในประเทศ 국내선
쎈타-ㅇ 파-이나이 쁘라r테-ㄷ

เส้นทางระหว่างประเทศ 국제선
쎈타-ㅇ 라r와-ㅇ 쁘라r테-ㄷ

บัตรโดยสาร 탑승권
받 도-이싸-ㄴ

รัดเข็มขัดให้แน่น 꽉 매다
랃r 켐 칻 하이 낸

ช่องจำหน่ายตั๋ว 매표소
청 짬나-이 뚜-워

จุดตรวจรักษาความปลอดภัย 보안 검사대
쭏 뜨루r-얻 락r싸- 콰-ㅁ 쁠러-ㄷ파이

ร้านค้าปลอดภาษี 면세점
라-ㄴ카- 쁠러-ㄷ파-씨-

ที่รับฝากสัมภาระ 수하물 찾는 곳
티- 랍r퐈f-ㄱ 쌈파-라r

ศุลกากร 세관
쑨라까-꺼-ㄴ

ใบศุลกากร 세관 신고서
바이 쑨라까-꺼-ㄴ

การประกาศ 공지
까-ㄴ 쁘라r까-ㄷ

กรอกแบบฟอร์ม 기입하다
끄러r-ㄱ 배-ㅂ퍼f-ㅁ

ด่านตรวจคนเข้าเมือง 출입국 심사대
다-ㄴ 뜨루r-얻 콘 카오므-앙

ลานบิน 활주로
라-ㄴ 빈

การมาถึง 도착
까-ㄴ 마-틍

การออกเดินทาง 출발
까-ㄴ어-ㄱ더r-ㄴ타-ㅇ

นักบิน 비행기 조종사
낙 빈

ลูกเรือชาย 남자 승무원
루-ㄱ르r-아 차-이

ลูกเรือหญิง 여자 승무원
루-ㄱ르r-아 잉y

การแวะผ่าน 경유
까-ㄴ 웨 파-ㄴ

ความต่างของเวลา 시차
콰-ㅁ 따-ㅇ 커-ㅇ 웨-라-

เที่ยวเดียว 편도
티-여우 디-여우

ไปกลับ 왕복
빠이 끌랍

ที่นั่งริมทางเดิน 복도 쪽 좌석
티-낭 림 타-ㅇ더r-ㄴ

สายการบิน 항공사
싸-이 까-ㄴ빈

จุดหมายปลายทาง 목적지
쭏 마-이 쁠라-이타-ㅇ

미니 테스트

단어 암기 동영상을 보면서 복습하세요

1 다음 단어의 뜻을 적어 보세요.

1 สนามบิน _____   2 ตั๋ว _____

3 จอง _____   4 ทางเดิน _____

5 การบริการ _____   6 วีซ่า _____

2 다음 뜻을 태국어로 써 보세요.

1 비행기 조종사 _____   2 편도 _____

3 왕복 _____   4 항공사 _____

5 활주로 _____   6 여행 가방 _____

3 태국어와 우리말 뜻을 알맞게 연결해 보세요.

1 บินขึ้น •   • ① 착륙하다

2 ลงจอด •   • ② 잃어버리다

3 กรอก   •   • ③ 이륙하다

4 ทำหาย •   • ④ 마일리지

5 สะสมไมล์ •   • ⑤ (서식 등을) 작성하다

---

1 1. 공항 2. 티켓 3. 예매하다 4. 통로 5. 서비스 6. 비자
2 1. นักบิน 2. เที่ยวเดียว 3. ไปกลับ 4. สายการบิน 5. ลานบิน 6. กระเป๋าเดินทาง
3 1. ③ 2. ① 3. ⑤ 4. ② 5. ④

วันที่ **15** 공항에서

 วันที่ 16

공부순서 ☐ MP3 듣기 ➡ ☐ 단어 암기 ➡ ☐ 예문 빈칸 채우기 ➡ ☐ 단어암기 동영상

쇼핑

ห้างสรรพสินค้า
항 쌉 파 씬 카-
백화점

ร้านขายเสื้อผ้า
라-ㄴ 카-이 쓰-아파-
옷 가게

ซุปเปอร์มาร์เก็ต
쑵뻐ㅓ-마-켇
슈퍼마켓

ซื้อของ
쓰-커-ㅇ
쇼핑하다

ตลาดสินค้ามือสอง
딸라-ㄷ 씬카-므-써-ㅇ
벼룩시장

ตลาดผลผลิตทางการเกษตร
딸라-ㄷ 폰팔릳 타-ㅇ까-ㄴ 까쎋-ㄷ
농산물 시장

218
ร้านค้า
ร้า r - น ค้า -
가게, 상점

___ จะปิดกี่โมงครับ(คะ)
จะ ปิด กี่-โม-ง ครับ คะ
가게 문은 몇 시에 닫아요?

219
ซื้อ
ซื้อ -
사다, 구입하다

___ มาเท่าไหร่ครับ(คะ)
มา- เท่าไหร่ ครับ คะ
얼마에 구입하셨어요?

220
ขาย
ขา - ย
팔다

เสื้อตัวนั้น ___ หมดแล้วครับ(ค่ะ)
เสื้อ-ตัว นั้น   หมด แล้-ว ครับ คะ
그 옷은 다 팔렸어요.

221
ราคา
รา r - คา -
가격

ตั๋วเครื่องบิน ___ เท่าไหร่ครับ(ค่ะ)
ตั๋ว เครื่r-องบิน   เท่าไหร่ ครับ คะ
비행기 표 가격이 얼마예요?

222
แพง
แพ - ง
비싸다

ช่วงนี้ค่าครองชีพ ___ มากครับ(ค่ะ)
ช่-วงนี้ ค่า- ครr-อ-งชี-พ   มา-ก ครับ คะ
요즘 물가가 너무 비싸요.

223
ถูก
ถู - ก
(가격이) 싸다

มีอะไรที่ ___ กว่าอันนี้ไหมครับ(คะ)
มี- อะไร ที่-   กว่า อันนี้ ไหม ครับ คะ
이것보다 더 싼 것은 없나요?

230 เงินสด	현금이 ไม่พอครับ(ค่ะ) 현금이 모자라요.
231 ป้ายราคา	가격표는 ติดอยู่ตรงไหนครับ(คะ) 가격표는 어디에 붙어있어요?
232 ของหมดสต๊อก	ผลิตภัณฑ์นั้น 재고가 없다 ครับ(ค่ะ) 그 제품은 재고가 없어요.
233 ขายหมดเกลี้ยง	ขอโทษครับ(ค่ะ) 다 팔리다 แล้วครับ(ค่ะ) 죄송해요. 이미 다 팔렸어요.
234 ส่วนลด	มี 할인 สำหรับนักเรียนไหมครับ(คะ) 학생 할인이 있나요?
235 ใบเสร็จ	ต้องการรับ 영수증 ไหมครับ(คะ) 영수증이 필요하세요?

플러스 단어

การซื้อ 구매
까-ㄴ 쓰-

รายการซื้อของ 쇼핑 목록
라r-이까-ㄴ 쓰-커-ㅇ

ภาษี 세금
파-씨-

สินค้า 상품
씬 카-

บัตรเครดิต 신용카드
밭 크레r-딛

ลด...เปอร์เซ็นต์ … 퍼센트 할인
롣... 쁘ㅓ-쎈

แลกเปลี่ยน 교환하다
래-ㄱ 쁠리-얀

คูปอง 쿠폰
쿠-뻐-ㅇ

การโฆษณา 광고
까-ㄴ 코-ㄷ싸나-

เลือก 고르다
르-악

ผู้ขาย 판매자
푸-카-이

รถเข็นใส่ของ 쇼핑 카트
롣r켄 싸이 커-ㅇ

เคาน์เตอร์แคชเชียร์ 계산대
카오뜨ㅓ- 캔치-아

ฉลาก 라벨, 태그
차ㄹ라-ㄱ

วันที่ผลิตหมดอายุ 유통 기한
완티- 파ㄹ릳 몯 아-유

ร้านค้า 가게
라r-ㄴ 카-

ร้านขายสินค้าสัตว์เลี้ยง 애완용품점
라-ㄴ 카-이 씬 카- 싿 리-양

ศูนย์การค้า 쇼핑센터
쑤-ㄴ 까-ㄴ 카-

ห้างสรรพสินค้าอิเล็คตรอน 전자상가
하-ㅇ 쌉파씬카- 이ㄹ렉뜨라r-ㄴ

ซุปเปอร์มาร์เก็ต 슈퍼마켓
쑵쁘ㅓ-마-켇

เอาท์เล็ท 아웃렛, 직판점
아오ㄹ렏

ร้านขายสินค้าลดราคา 할인점
라-ㄴ카-이 씬카- 롣 라r-카-

การขายสินค้าส่ง 도매
까-ㄴ 카-이 씬 카- 쏭

การขายปลีก 소매
까-ㄴ카-이 쁠리-ㄱ

แคตตาล็อก 카탈로그
켇따ㄹ럭

การรับประกันคุณภาพ 품질 보증
까-ㄴ 랍r 쁘라 깐 쿤 나 파-ㅂ

มีข้อบกพร่อง 결함이 있다
미- 커- 복프렁r

เสพติดการช้อปปิ้ง 쇼핑 중독
쎄-ㅂ띧 까-ㄴ 첩삥

คืนเงิน 환불하다
크-ㄴ응어ㄴ

ห่อ 포장하다
허-

112

미니 테스트

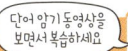

단어 암기 동영상을 보면서 복습하세요

1 다음 단어의 뜻을 적어 보세요.

1 ร้านขายเสื้อผ้า _____   2 ห้างสรรพสินค้า _____

3 ซื้อ _____   4 ขาย _____

5 ราคา _____   6 แพง _____

2 다음 뜻을 태국어로 써 보세요.

1 (가격이) 싸다 _____   2 손님, 고객 _____

3 주문하다 _____   4 얼마 _____

5 현금 _____   6 할인 _____

3 태국어와 우리말 뜻을 알맞게 연결해 보세요.

1 ใบเสร็จ　·　　　　　· ① 세금

2 ห่อ　·　　　　　· ② 유통 기한

3 ภาษี　·　　　　　· ③ 신용 카드

4 บัตรเครดิต　·　　　　　· ④ 포장하다

5 วันหมดอายุ　·　　　　　· ⑤ 영수증

1 1. 옷 가게 2. 백화점 3. 사다 4. 팔다 5. 가격 6. 비싸다
2 1. ถูก 2. ลูกค้า 3. สั่ง 4. เท่าไหร่ 5. เงินสด 6. ส่วนลด
3 1. ⑤ 2. ④ 3. ① 4. ③ 5. ②

วันที่ **17** 공부순서 ☐ MP3 듣기 ➡ ☐ 단어 암기 ➡ ☐ 예문 빈칸 채우기 ➡ ☐ 단어암기 동영상

교통·도로

🎧 MP3를 들어보세요

รถเมล์
롤 r 메 -
버스

รถไฟฟ้า
롤r파이퐈f-
지상철(BTS)

รถไฟฟ้าใต้ดิน
롤r퐈f이퐈f- 따이딘
지하철(MRT)

มอเตอร์ไซค์
머 - 뜨ㅓ - 싸이
모터사이클(오토바이)

เครื่องบิน
크르ㅓ- 앙빈
비행기

เรือ
르r-아
배

236
ถนน
타논
도로

โปรดระวัง ลื่นครับ(ค่ะ)
쁘로r-ㄷ 라왕 르-ㄴ 크랍 카
길이 미끄러우니 조심하세요.

237
รถ
롣r
차, 자동차

ขึ้น เร็วกว่าครับ(ค่ะ)
큰 레우 꽈- 크랍 카
차 타고 가는 게 더 빨라요.

238
ขับ
캅
(차량을) 운전하다

รู้วิธี ไหมครับ(คะ)
루r-위티- 마이 크랍 카
운전하는 방법 아세요?

239
จอดรถ
쩌-ㄷ 롣r
주차하다

สามารถ ที่นี่ได้ไหมครับ
싸-마-ㄷ 티-니- 다이 마이 크랍
(คะ)
카
여기에 주차할 수 있어요?

240
การจราจรติดขัด
까-ㄴ 짜라r-쩌-ㄴ 띧캍
교통 정체

อย่างหนักครับ(ค่ะ)
야-ㅇ 낙 크랍 카
교통 정체가 심각해요.

241
ป้ายรถเมล์
빠-이 롣r메-
버스 정류장

ที่ใกล้ที่สุดอยู่ที่ไหนครับ
티-끌라이 티-쑫 유- 티-나이 크랍
(คะ)
카
가장 가까운 버스 정류장이 어디예요?

242
ขนส่งสาธารณะ
콘쑹 싸-타-라나
대중교통

ปกติฉันใช้บริการ ครับ(ค่ะ)
뽀까띠 찬 차이 바-리r까-ㄴ 크랍 카
저는 보통 대중교통을 이용해요.

243
สถานี
싸 타 - 니 -
역

ต้องลง หน้าครับ(ค่ะ)
떵 롱 나- 크랍 카
다음 역에서 내리셔야 해요.

244
เข็มขัดนิรภัย
켐칻 니라파이
안전벨트

โปรดคาด ครับ(ค่ะ)
쁘로-ㄷ 카-ㄷ 크랍 카
안전벨트를 매세요.

245
ตรงเวลา
뜨롱 웨-ㄹ라-
정시에

เครื่องมาถึง ครับ(ค่ะ)
크르r-앙 마-틍 크랍 카
비행기가 정시에 도착했어요.

246
อุบัติเหตุ
우 받 띠 헤- ㄷ
사고

ประสบ ทางรถยนต์ครับ
쁘라쏩 타-ㅇ 롣r욘 크랍
(ค่ะ)
카
교통사고가 났어요.

247
ผู้โดยสาร
푸- 도-이싸-ㄴ
승객

ขอผ้าห่มครับ(ค่ะ)
커- 파-홈 크랍 카
탑승객이 담요를 부탁했어요.

교통수단에 따른 동사 표현

동사 1	교통수단	동사 2	장소
ขึ้น 타다 큰	รถเมล์ 버스 롣r메-	ไป 가다 빠이	(ที่) 티- (장소)~에서	ที่นี่ 여기 티-니-
นั่ง (교통수단) 타다, 앉다 낭	มอเตอร์ไซค์ 오토바이 머-뜨ㅓ-싸이	มา 오다 마-		ที่นั่น 거기, 저기 티-난
ลง 내리다 롱	เครื่องบิน 비행기 크르r-앙빈	กลับ 끌랍		ออฟฟิศ 사무실 업f핃f
ขับ (자동차 등) 운전하다 캅	รถแท็กซี่ 택시 롣r택씨-	돌아가다		สถานทูต 대사관 싸타-ㄴ투-ㄷ
ขี่ (오토바이 등) 운전하다 키-	เอ็มอาร์ที 지하철(MRT) 엠아-티-			สนามบิน 공항 싸나-ㅁ빈
ปั่น (자전거) 운전하다 빤	บีทีเอส 지상철(BTS) 비-티-에-ㄷ			โรงเรียน 학교 ㄹr-o 리r-안
	ตุ๊กตุ๊ก 삼륜차 뚝뚝			โรงแรม 호텔 ㄹr-o래-ㅁ
	เดิน 걷다 드ㅓ-ㄴ			กรุงเทพฯ 방콕 끄룽r테-ㅂ

위 표의 어순 '**동사 1 + 교통수단 + 동사 2 + 장소**' 대로 아래 예문처럼 단어들을 배열하여 다양한 문장을 만들어 보세요.

예) **ขึ้น รถเมล์ มา ที่นี่** [큰 롣메- 마- 타-니-] 버스를 타고 여기에 오다.

ขับ รถ ไป ที่ สนามบิน [캅 롣 빠이 티- 싸나-ㅁ빈] 차를 운전해서 공항에 가다.

플러스 단어

ยานพาหนะ 탈것
야-ㄴ 파-하나

การจราจร 교통
까-ㄴ짜라r-쩌-ㄴ

คนขับรถ 운전자, 기사
콘 캅 롣r

คนเดินทาง 행인
콘 드ㅓ-ㄴ타-ㅇ

คนเดินเท้า 보행자
콘 드ㅓ-ㄴ타-오

ทางม้าลาย 횡단보도
타-ㅇ마-ㄹ라-이

สัญญาณไฟจราจร 신호등
싼야-ㄴ 퐈이 짜라r-쩌-ㄴ

ปั๊มน้ำมัน 주유소
빰 남만

ตำรวจจราจร 교통경찰
땀루r-얻 짜라r-쩌-ㄴ

เมาแล้วขับ 음주 운전하다
마오 래-우 캅

ใบขับขี่ 운전면허증
바이 캅 키-

ชั่วโมงเร่งด่วน 러시아워, 혼잡 시간
추-워모-ㅇ 렝r 두-원

ฟุตบาท 인도, 보도
푿f ㄷ바-ㄷ

เครื่องหมายจราจร 도로 표지판
크르r-앙마-이 짜라r-쩌-ㄴ

สี่แยก 교차로, 사거리
씨-얘-ㄱ

สะพานลอย 육교
싸 파-ㄴ 러-이

ทางใต้ดิน 지하도
타-ㅇ 따이 딘

ช่องเดินรถ 차선
청 드ㅓ-ㄴ 롣r

สะพาน 다리
싸 파-ㄴ

อุโมงค์ลอด 터널
우모-ㅇ러-ㄷ

ทางด่วน 고속도로
타-ㅇ 두-원

รางรถไฟ 철로
라-ㅇ롣r퐈이

ชานชาลา 플랫폼, 승강장
차-ㄴ 차-ㄹ라-

สถานีต้นทาง 출발역
싸타-니- 똔타-ㅇ

สถานีปลายทาง 종착역
싸타-니- 쁠라-이타-ㅇ

ท่าเรือ 항구
타- ㄹr-아

ห้องรับรอง 대기실
헝 랍러r-ㅇ

ตารางเวลา 시간표
따-라-ㅇ웨-ㄹ라-

แผนที่เส้นทาง 노선도
패-ㄴ티- 쎈타-ㅇ

เปลี่ยนทิศทาง 방향을 바꾸다
쁠리- 얀 팉 타-ㅇ

กลับรถ 유턴하다
끌랍 롣r

กำลังขับรถอยู่ 운전 중인
깜랑 캅롣r 유-

ขับรถ 운전하다
캅 롣r

เรียก 부르다
리r-약

미니 테스트

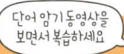

단어 암기 동영상을 보면서 복습하세요

1 다음 단어의 뜻을 적어 보세요.

1 แท็กซี่ _____   2 รถไฟฟ้า _____

3 รถไฟฟ้าใต้ดิน _____   4 เครื่องบิน _____

5 เรือ _____   6 จักรยาน _____

2 다음 뜻을 태국어로 써 보세요.

1 도로 _____   2 주차하다 _____

3 역 _____   4 좌석 _____

5 골목 _____   6 (거리가) 먼 _____

3 태국어와 우리말 뜻을 알맞게 연결해 보세요.

1 สาย • • ① 기다리다

2 แผนที่ • • ② 늦다

3 หลงทาง • • ③ 지도

4 รอ • • ④ 횡단보도

5 ทางม้าลาย • • ⑤ 길을 잃다

1 1. 택시 2. 지상철 3. 지하철 4. 비행기 5. 배 6. 자전거
2 1. ถนน 2. จอดรถ 3. สถานี 4. ที่นั่ง 5. ซอย 6. ไกล
3 1. ② 2. ③ 3. ⑤ 4. ① 5. ④

วันที่ **17** 교통 · 도로   121

วันที่ 18 방향과 위치

공부순서 ☐ MP3 듣기 ➡ ☐ 단어 암기 ➡ ☐ 예문 빈칸 채우기 ➡ ☐ 단어암기 동영상

MP3를 들어보세요

สวนสาธารณะอยู่ด้านหลังไปรษณีย์ครับ(ค่ะ)
쑤-원 싸-타-라ㄴ나 유- 다-ㄴ랑 쁘라r이싸니- 크랍 카

공원은 우체국 뒤에 있어요.

ไปรษณีย์อยู่ติดกับอาคารครับ(ค่ะ)
쁘라r이싸니-유- 띳 깝 아-카-ㄴ 크랍 카

우체국은 빌딩 옆에 있어요.

ร้านสะดวกซื้ออยู่ที่หน้าโรงแรมครับ(ค่ะ)
라r-ㄴ 싸두-웍 쓰-유- 티- 나- 로-ㅇ램 크랍 카

편의점은 호텔 앞에 있어요.

ข้างบน
คา-ง บน 위쪽

ข้างล่าง
คา-ง ลา-ง 아래쪽(아래층)

ข้างใน
คา-ง나이 안쪽

ข้างข้าง
คา-งคา-ง 옆쪽

ข้างหน้า
คา-ง นา- 앞쪽

ข้างหลัง
คา-ง 랑 뒤쪽

ข้างขวา
คา-ง ควา- 오른쪽

ข้างซ้าย
คา-ง ซ้า-이 왼쪽

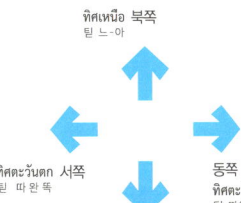
ทิศเหนือ 북쪽
틷 느-아

ทิศตะวันตก 서쪽
틷 따 완 똑

ทิศตะวันออก 동쪽
틷 따완어-ㄱ

ทิศใต้ 남쪽
틷따이

ทิศ
틷 방향

플러스 단어

ตรงนี้ 여기
뜨롱rㄴi-

ตรงโน้น 저기
뜨롱rㄴo-ㄴ

บริเวณโดยรอบ 주위
버-리r웨-ㄴ 도-이러r-ㅂ

บริเวณใกล้เคียง 근처
버-리r웨-ㄴ 끌라이 키-양

ฝั่งตรงข้าม 건너편
퐝f 뜨롱r카-ㅁ

ผ่าน 통과하다
파-ㄴ

ใน 안(속)
나이

ข้างนอก 바깥
카-ㅇ너-ㄱ

ระหว่าง 사이
라r와-ㅇ

ด้าน ~쪽
다-ㄴ

ทุกที่ 모든 곳
툭 티-

ที่ไหนสักที่ 어디든, 아무 데나
티-나이 싹티-

ที่ใกล้กับ ~과 가까운 곳
티-끌라이 깝

หัวมุม 모퉁이
후-워 뭄

ตรงกลาง 정가운데
뜨롱r끌라-ㅇ

กลาง 가운데
끌라-ㅇ

ด้านบนสุด 맨 위
다-ㄴ 본쑷

ด้านล่างสุด 맨 아래
다-ㄴ 라-ㅇ쑷

ริม 가장자리
림r

รอบด้าน 사방
러r-ㅂ 다-ㄴ

ข้างใต้ 아래쪽
카-ㅇ 따-이

미니 테스트

단어 암기 동영상을 보면서 복습하세요

1 다음 단어의 뜻을 적어 보세요.

1 ข้างบน _____   2 ข้างข้าง _____

3 ข้างหน้า _____   4 ข้างหลัง _____

5 ข้างขวา _____   6 ข้างซ้าย _____

2 다음 뜻을 태국어로 써 보세요.

1 건너편 _____   2 통과하다 _____

3 모퉁이 _____   4 가운데 _____

5 가장자리 _____   6 사방 _____

3 태국어와 우리말 뜻을 알맞게 연결해 보세요.

1 ทิศตะวันออก •   • ① 동쪽

2 ทิศตะวันตก   •   • ② 남쪽

3 ทิศใต้   •   • ③ 바깥

4 ทิศเหนือ   •   • ④ 북쪽

5 ข้างนอก   •   • ⑤ 서쪽

---

1 1. 위쪽 2. 옆쪽 3. 앞쪽 4. 뒤쪽 5. 오른쪽 6. 왼쪽
2 1. ฝั่งตรงข้าม 2. ผ่าน 3. หัวมุม 4. กลาง 5. ริม 6. รอบด้าน
3 1. ① 2. ⑤ 3. ② 4. ④ 5. ③

วันที่ 19

공부순서 ☐ MP3 듣기 ➡ ☐ 단어 암기 ➡ ☐ 예문 빈칸 채우기 ➡ ☐ 단어암기 동영상

호텔에서

MP3를 들어보세요

โรงแรม
로r-ㅇ래r-ㅁ
호텔

ล็อบบี้
럽비-
로비

ประชาสัมพันธ์
쁘라r차- 쌈판
프런트 데스크

พนักงานต้อนรับ
파낙응아-ㄴ 떠-ㄴ랍r
프런트 안내원

ผู้จัดการโรงแรม
푸-짣까-ㄴ 로r-ㅇ래r-ㅁ
호텔 지배인

แขก
캐-ㄱ
투숙객

266 ห้องเดี่ยว 싱글룸	✎ ค่อนข้างเล็กไปนิดหน่อยครับ(ค่ะ) 싱글룸이 조금 작은 편이에요.
267 ห้องเตียงคู่ 더블룸	ขอ ___ ครับ(ค่ะ) 더블룸으로 부탁할게요.
268 สระว่ายน้ำ 수영장	___ อยู่ที่ชั้นไหนครับ(คะ) 수영장은 몇 층에 있나요?
269 ห้องฟิตเนส 피트니스룸	___ ต้องลงไปอีกหนึ่งชั้นครับ(ค่ะ) 피트니스룸은 한 층 내려가세요.
270 อาหารเช้า 조식	___ เริ่มกี่โมงถึงกี่โมงครับ(คะ) 조식은 몇 시부터 몇 시까지예요?
271 มอนิ่งคอล 모닝콜	พรุ่งนี้เช้าช่วย ___ ด้วยนะครับ(คะ) 내일 아침에 모닝콜 부탁합니다.

272
สัญญาณเตือนไฟไหม้
싼야-ㄴ 뜨-안 퐈이f 마이
화재경보기

เหมือนเสียง ✏️ ดังครับ(ค่ะ)
므-안 씨-양 당 크랍 카
화재경보기가 울린 것 같아요.

273
ทิป
팁
팁

ได้ ▨ เท่าไหร่ครับ(คะ)
다이 타오라이 크랍 카
팁은 얼마가 적당하죠?

274
ห้องว่าง
헝 와-ㅇ
빈방

มี ▨ ไหมครับ(คะ)
미- 마이 크랍 카
빈방 있나요?

275
วิว
위우
전망, 뷰

▨ สวยมากจริงๆครับ(ค่ะ)
쑤-워이 마-ㄱ 찡찡 크랍 카
전망이 정말 멋져요.

276
เสีย
씨-야
고장나다

แอร์ ▨ ครับ(ค่ะ)
애- 크랍 카
에어컨이 고장 났어요.

277
อ่างอาบน้ำ
아-ㅇ 아-ㅂ나-ㅁ
욕조

▨ ตันครับ(ค่ะ)
딴 크랍 카
욕조에 물이 안 빠져요.

플러스 단어

โรงแรม 5 ดาว 5성급 호텔
로r-ㅇ 래r-ㅁ 하- 다-우

ทำความสะอาดห้อง 방을 청소하다
탐 콰-ㅁ 싸아-ㄷ 헝

คีย์การ์ด 키카드
키- 까-ㄷ

กระเป๋าเดินทาง 캐리어
끄라r빠오 드ㅓ-ㄴ타-ㅇ

ค่าที่พัก 숙박 요금
카- 티- 팍

หนึ่งคืน 1박
능 크-ㄴ

การแลกเปลี่ยนเงินตรา 환전
까-ㄴ래-ㄱ 쁠리-얀 응으ㅓㄴ뜨라r-

แอร์พอร์ตลิงก์ 공항 철도
애-퍼-ㄷ 링

ยกเลิก 취소하다
욕르ㅓ-ㄱ

เตียงเดี่ยว 싱글베드
띠-양 디-여우

เตียงคู่ 더블베드
띠-양 쿠-

น้ำร้อน 온수
남 러r-ㄴ

บัตรประชาชน 신분증
받 쁘라차-촌

ล่าม 통역사
라-ㅁ

อินเทอร์เน็ต 인터넷
인트ㅓ-넷

ไวไฟ 와이파이
와이파이

บริการซักรีด 세탁 서비스
버-리r까-ㄴ 싹르r-ㄷ

ของมีค่า 귀중품
커-ㅇ 미-카-

หมายเลขห้อง 방 번호
마-이레-ㄱ 헝

ห้ามสูบบุหรี่ 금연
하-ㅁ 쑤-ㅂ 부리r-

สูญหาย 분실하다
쑤-ㄴ 하-이

미니 테스트

단어 암기 동영상을 보면서 복습하세요.

1 다음 단어의 뜻을 적어 보세요.

1 โรงแรม _____ 2 ล็อบบี้ _____

3 ทางเดิน _____ 4 เช็คอิน _____

5 เช็คเอ้าท์ _____ 6 จอง _____

2 다음 뜻을 태국어로 써 보세요.

1 수영장 _____ 2 조식 _____

3 고장 나다 _____ 4 욕조 _____

5 키카드 _____ 6 통역사 _____

3 태국어와 우리말 뜻을 알맞게 연결해 보세요.

1 แอร์พอร์ตลิงก์ •   • ① 인터넷

2 ยกเลิก •   • ② 공항 철도

3 กระเป๋าเดินทาง •   • ③ 와이파이

4 ไวไฟ •   • ④ 취소하다

5 อินเทอร์เน็ต •   • ⑤ 캐리어

---

1 1. 호텔 2. 로비 3. 복도 4. 체크인 5. 체크아웃 6. 예약하다
2 1. สระว่ายน้ำ 2. อาหารเช้า 3. เสีย 4. อ่างอาบน้ำ 5. คีย์การ์ด 6. ล่าม
3 1. ② 2. ④ 3. ⑤ 4. ③ 5. ①

วันที่ 20

공부순서: □ MP3 듣기 ➡ □ 단어 암기 ➡ □ 예문 빈칸 채우기 ➡ □ 단어암기 동영상

관광지

MP3를 들어보세요

วัด
왓
사원

ประชาสัมพันธ์
쁘라r차- 쌈판
안내소

สถานที่จำหน่ายบัตรเข้าชม
싸타-ㄴ티- 짬나-이 밭 카오촘
매표소

แผนที่
패-ㄴ티-
지도

ค่าเข้า
카-카오
입장료

ชม
촘
관람(구경)하다

278
เปิด
쁘ㅓ-ㄷ
오픈(개관)

พิพิธภัณฑ์ ____ กี่โมงครับ(คะ)
피핃타판 　끼-모-ㅇ 크랍 카
박물관은 몇 시에 오픈해요?

279
ตั๋วเข้าชม
뚜-워 카오 촘
입장권

สามารถซื้อ ____ ได้ที่ไหนครับ(คะ)
싸-마-ㄷ 쓰- 　다이 티-나이 크랍 카
입장권은 어디에서 구입할 수 있나요?

280
ชั่วคราว
추-워 크라r-우
임시

วันนี้ปิดทำการ ____ ครับ(ค่ะ)
완니- 삗 탐까-ㄴ 　크랍 카
오늘은 임시 휴관일이에요.

281
…ละ
라
…ต่อ
당

ราคาคน ____ เท่าไหร่ครับ(คะ)
라r-카- 콘 　타오라이 크랍 카
한 명당 얼마예요?

282
โปรแกรมการท่องเที่ยว
쁘로r끄래r-ㅁ 　까-ㄴ 　텅티-여우
여행 프로그램

____ นี้ใช้เวลาการเดินทาง กี่ชั่วโมงครับ(คะ)
니- 차이 웨-ㄹ라- 까-ㄴ 드ㅓ-ㄴ타-ㅇ 　끼- 추-워모-ㅇ 크랍 카
이 여행 프로그램은 몇 시간 걸리나요?

283
นิทรรศการ
니탇싸까-ㄴ
전시회

กำลังจัด ____ อยู่ครับ(ค่ะ)
깜랑 짠 　유- 크랍 카
전시회가 열리고 있어요.

290
ไกด์
ไก่
가이드

มี ▢ ที่พูดภาษาเกาหลีได้ไหมครับ(คะ)
มี- ที-พู-ด พา-ซา-까오ㄹ리- ได อี มัย ค랍 คา
한국어를 할 수 있는 가이드가 있나요?

291
ทางออก
ทา - ㅇ เอ - ㄱ
출구

▢ อยู่ที่ไหนครับ(คะ)
ยู- ที-นัย ค랍 คา
출구는 어느 쪽에 있나요?

292
การแสดง
กา - ㄴ ซา แด - ㅇ
공연

▢ สนุกมากจริงๆครับ(ค่ะ)
ซานุก มา-ก จิง จิง ค랍 คา
공연이 정말 재미있었어요.

293
ทะเล
ทาㄹ เล-
바다

พรุ่งนี้จะไป ▢ ครับ(ค่ะ)
พรุง นี- จะ ไป ค랍 คา
내일은 바다에 갈 거예요.

294
ประกันภัยการเดินทาง
ปราr กัน ภัย กา - ㄴ เดอ - ㄴ ทา - ㅇ
여행자 보험

ต้องการ ▢ ครับ(ค่ะ)
ต็อง กา - ㄴ ค랍 คา
여행자 보험이 필요해요.

295
เส้นทาง
เซ้น ทา - ㅇ
코스

▢ ต่อไปคือวัดอรุณครับ(ค่ะ)
ต่อ ไป คือ วัด อรุณr ค랍 คา
다음 코스는 왓아룬이에요.

플러스 단어

กลุ่ม 단체
끌룸

จุดชมวิว 뷰 포인트
쭏 촘 위우

งานฝีมือ 공예품
응아-ㄴ퓌f-므-

การคืนเงิน 환불
까-ㄴ크-ㄴ응으ㅓㄴ

การแลกเงิน 환전
까-ㄴ래-ㄱ 응으ㅓㄴ

ห้ามถ่ายรูป 촬영 금지
하-ㅁ 타-이루r-ㅂ

ห้ามเข้าออก 출입 금지
하-ㅁ 카오어-ㄱ

ห้ามผ่าน 통행 금지
하-ㅁ 파-ㄴ

ห้ามสูบบุหรี่ 금연
하-ㅁ 쑤-ㅂ부리r-

ห้ามสวมใส่ ~착용 금지
하-ㅁ 쑤-웜싸이

เสื้อแขนกุด 민소매
쓰-아 캐-ㄴ 꾿

กระโปรงสั้น 미니스커트
끄라r쁘로r-ㅇ 싼

ห้ามทิ้ง 버리지 마시오
하-ㅁ 팅

ห้ามจับ 만지지 마시오
하-ㅁ 짭

ห้ามเข้าใกล้ 가까이 가지 마시오
하-ㅁ 카오끌라이

ห้ามวิ่ง 뛰지 마시오
하-ㅁ 윙

สวนสัตว์ 동물원
쑤-원 쌷

พิพิธภัณฑ์ 박물관
피핃타판

อนุสรณ์สถาน 기념관
아누써-ㄴ 싸타-ㄴ

สวนสาธารณะ 공원
쑤-원 싸-타-라r나

วีซ่า 비자
위싸-

ทำ..หาย …을(를)분실하다
탐.. 하-이

สิ่งของที่สูญหาย 분실물
씽커-ㅇ 티 쑤-ㄴ하-이

ศูนย์แจ้งของหาย 분실물 신고센터
쑤-ㄴ째-ㅇ 커-ㅇ 하-이

หลงทาง 길을 잃다
롱 타-ㅇ

กล้องวงจรปิด CCTV
끌렁 웡짜-ㄴ 삗

โรงละคร 극장
로r-ㅇ라커-ㄴ

ของที่ระลึก 기념품
커-ㅇ 티 라r륵

미니 테스트

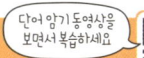

1 다음 단어의 뜻을 적어 보세요.

1 แผนที่ _____   2 ค่าเข้า _____

3 ชม _____   4 ตั๋วเข้าชม _____

5 นิทรรศการ _____   6 พระราชวัง _____

2 다음 뜻을 태국어로 써 보세요.

1 선크림 _____   2 선글라스 _____

3 출구 _____   4 공연 _____

5 바다 _____   6 뷰포인트 _____

3 태국어와 우리말 뜻을 알맞게 연결해 보세요.

1 ห้ามถ่ายรูป   •   • ① 통행 금지

2 ห้ามเข้าออก   •   • ② 출입 금지

3 ห้ามผ่าน   •   • ③ 뛰지 마시오

4 ห้ามทิ้ง   •   • ④ 촬영 금지

5 ห้ามวิ่ง   •   • ⑤ 버리지 마시오

---

1 1. 지도 2. 입장료 3. 관람하다 4. 입장권 5. 전시회 6. 왕궁
2 1. ครีมกันแดด 2. แว่นกันแดด 3. ทางออก 4. การแสดง 5. ทะเล 6. จุดชมวิว
3 1. ④ 2. ② 3. ① 4. ⑤ 5. ③

วันที่ 21 마사지숍

공부순서: □ MP3 듣기 → □ 단어 암기 → □ 예문 빈칸 채우기 → □ 단어암기 동영상

นวด
누-월
마사지하다; 반죽하다

ยาดม
야-돔
야돔

ลูกประคบสมุนไพร
루-ㄱ 쁘라콥 싸문프라r이
허브볼

ธูปหอม
투-ㅂ허-ㅁ
향초

นวดแผนไทย
누-월 패-ㄴ 타이
태국식 마사지

นวดน้ำมัน
누-월 남만
오일 마사지

플러스 단어

นวดเท้า 발 마사지
누-월 타-오

นวดสมุนไพร 허브 마사지
누-월 싸문프라r이

ขัดผิว 스크럽
칸 피우

เคาน์เตอร์ 카운터
카오뜨ㅓ-

การบริการ 서비스
까-ㄴ버-리까-ㄴ

ห้องเปลี่ยนเสื้อ 탈의실
헝 쁠리-얀 쓰-아

ของใช้ส่วนตัว 소지품
커-ㅇ차이 쑤-원뚜-워

สปา 스파
싸빠-

เก้าอี้นวด 안마 의자
까오이-누-월

เทียนหอม 향초
티-얀 허-ㅁ

เบาะ 매트
버

ชุดกาวน์ 가운
춘 까-우

สบาย (마사지 후) 시원하다
싸바-이

นวดสวีดิช 스웨디쉬 마사지
누-월 싸위-딛

กลิ่นบำบัด 아로마 테라피
끌린 밤받

ตึง (근육 등) 굳어지다
뜽

ทิป 팁
팁

หมอน 베개
머-ㄴ

เหยียด 스트레칭하다
이y-얃

กางขา 다리를 벌리다
까-ㅇ 카-

ผ่อนคลาย 긴장을 풀다, 완화하다
펀 클라-이

ลำตัวท่อนล่าง 하반신
람 뚜-워 턴라-ㅇ

ลำตัวท่อนบน 상반신
람뚜-워 턴본

미니 테스트

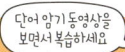

1 다음 단어의 뜻을 적어 보세요.

1 นวด _____   2 หมอนวด _____

3 นอน _____   4 รอ _____

5 เบาๆ _____   6 หนักๆ _____

2 다음 뜻을 태국어로 써 보세요.

1 적당하다 _____   2 뻐근하다 _____

3 냄새, 향 _____   4 귀중품 _____

5 돌아눕다 _____   6 엎드리다 _____

3 태국어와 우리말 뜻을 알맞게 연결해 보세요.

1 ขยับ   •   • ① 움직이다

2 จับ   •   • ② 당기다

3 ดึง   •   • ③ 서비스

4 สบาย   •   • ④ 시원하다

5 การบริการ   •   • ⑤ 잡다

---

1 1. 마사지하다 2. 관리사 3. 눕다, 자다 4. 기다리다 5. 살살 6. 세게
2 1. พอดี 2. เมื่อย 3. กลิ่น 4. ของมีค่า 5. พลิกตัว 6. นอนคว่ำหน้า
3 1. ① 2. ⑤ 3. ② 4. ④ 5. ③

วันที่ 22

공부순서: ☐ MP3 듣기 ➡ ☐ 단어 암기 ➡ ☐ 예문 빈칸 채우기 ➡ ☐ 단어암기 동영상

카페, 패스트푸드

MP3를 들어보세요

เครื่องดื่ม
크르r-앙드-ㅁ
음료

คาปูชิโน่
카-뿌-치-노-
카푸치노

น้ำมะนาว
남 마나-우
레모네이드

ลาเต้ชาเขียว
라-떼- 차- 키-여우
녹차라테

อเมริกาโน่เย็น
아 메 리 r 카 노 -   옌
아이스 아메리카노

ไอซ์ที
아이(ㅆ)티-
아이스티

플러스 단어

อเมริกาโน่ 아메리카노
아 메 리 r 까 노 -

เอสเปรสโซ่ 에스프레소
에 - ㅆ 프레 r - ㄷ 쏘 -

ชูครีมเอสเปรสโซ่ 슈크림 에스프레소
추 - 크리 r - ㅁ 에 - ㅆ 프레 r - ㄷ 쏘 -

แฟรบปูชิโน่ 프라푸치노
프 f 래 r - ㅂ 뿌 - 치 노 -

ชาเขียวแฟรบปูชิโน่ 그린티 프라푸치노
차 - 키 - 여우 프 f 래 r - ㅂ 뿌 - 치 노 -

วานิลลาแฟรบปูชิโน่ 바닐라 프라푸치노
와 - 닌라 - 프 f 래 r - ㅂ 뿌 - 치 노 -

มอคค่าแฟรบปูชิโน่ 모카 프라푸치노
먹 카 -   프 f 래 r - ㅂ 뿌 - 치 노 -

คาราเมลแฟรบปูชิโน่ 캐러멜 프라푸치노
카 - 라 r - 메 - (우) 프 f 래 r - ㅂ 뿌 - 치 노 -

มิ้นท์แฟรปปูชิโน่ 민트 프라푸치노
민   프 f 래 r - ㅂ 뿌 - 치 노 -

ช็อกโกแฟรปปูชิโน่ 초코 프라푸치노
척꼬 -   프 f 래 r - ㅂ 뿌 - 치 노 -

จาวาชิพแฟรปปูชิโน่ 자바칩 프라푸치노
짜 - 와 - 칩   프 f 래 r - ㅂ 뿌 - 치 노 -

น้ำเชอร์รี่ 체리 에이드
남   츠 ㅓ - r l r -

น้ำเกรฟฟรุต 자몽 에이드
남 끄래 r - ㅂ 프 f 룯 r

กาแฟลาเต้ 카페 라테
카 - 풰 f - 라 - 떼 -

วานิลลาลาเต้ 바닐라 라테
와 - 닌라 -   라 - 떼 -

คาราเมลลาเต้ 캐러멜 라테
카 - 라 r - 메 - (우) 라 - 떼 -

ช็อกโกแลตลาเต้ 초코 라테
척꼬 - ㄹ 렏   라 - 떼 -

บลูเบอร์รี่ลาเต้ 블루베리 라테
브루 - 브 ㅓ - r l r - 라 - 떼 -

มันเทศลาเต้ 고구마 라테
만 테 - ㄷ   라 - 떼 -

ชาดำลาเต้ 홍차 라테
차 - 담   라 - 떼 -

ช็อกโกแลตร้อน 핫초코
척꼬 - ㄹ 렏   러 - ㄴ

กาแฟมอคค่า 카페 모카
카 - 풰 f -   먹 카 -

คาราเมลมอคค่า 캐러멜 모카
카 - 라 r - 메 - (우)   먹 카 -

ไวท์มอคค่า 화이트 모카
와 이   먹 카 -

โกโก้ครีมมอคค่า 카카오 크림 모카
꼬 - 꼬 - 크리 r ㅁ   먹 카 -

มัคคิอาโต 마키아토
막 키 아 - 또 -

คาราเมลมัคคิอาโต้ 캐러멜 마키아토
카 - 라 r - 메 - (우) 막 키 아 - 또 -

ชาเขียว 녹차
차 - 키 - 여우

เอิร์ลเกรย์ 얼그레이
으 ㅓ - ㄴ 끄래 r -

미니 테스트

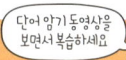

1 다음 단어의 뜻을 적어 보세요.

1 กาแฟ _____ 2 อเมริกาโน่ _____

3 เค้ก _____ 4 แฮมเบอร์เกอร์ _____

5 พิซซ่า _____ 6 ท็อปปิ้ง _____

2 다음 뜻을 태국어로 써 보세요.

1 뜨거운 음료 _____ 2 아이스 음료 _____

3 녹차라테 _____ 4 아이스티 _____

5 빨대 _____ 6 배달비 _____

3 태국어와 우리말 뜻을 알맞게 연결해 보세요.

1 วานิลลาลาเต้ • • ① 캐러멜 마키아토

2 ช็อกโกแลตร้อน • • ② 바닐라 라테

3 คาราเมลมัคคิอาโต • • ③ 핫초코

4 ชาเขียว • • ④ 얼그레이

5 เอิร์ลเกรย์ • • ⑤ 녹차

1 1. 커피 2. 아메리카노 3. 케이크 4. 햄버거 5. 피자 6. 토핑
2 1. เครื่องดื่มร้อน 2. เครื่องดื่มเย็น 3. ลาเต้ชาเขียว 4. ไอซ์ที 5. หลอด 6. ค่าส่ง
3 1.② 2.③ 3.① 4.⑤ 5.④

วันที่ 23
은행, 우체국, 편의점에서

공부순서: ☐ MP3 듣기 ➡ ☐ 단어 암기 ➡ ☐ 예문 빈칸 채우기 ➡ ☐ 단어암기 동영상

🎧 MP3를 들어보세요

ธนาคาร
타나-카-ㄴ
은행

ไปรษณีย์
쁘라r이싸니-
우체국

ร้านสะดวกซื้อ
라r-ㄴ 싸두-억 쓰-
편의점

หาเงิน
하-응으ㄴ
(돈을) 벌다

จดหมาย
쫃 마-이
편지

ข้าวกล่อง
카-우 끌렁
도시락

332
ธนาคาร
ตา-นา-คา-น
은행

ไป 🖊 มาแล้วครับ(ค่ะ)
빠이   마-래-우 크랍 카
은행에 다녀왔어요.

333
เงิน
응어-ㄴ
돈

🔲 ไม่ใช่สิ่งสำคัญที่สุดในชีวิตครับ(ค่ะ)
마이차이 씽 쌈칸 티-쑫 나이 치-윋 크랍 카
돈은 인생에서 가장 중요한 게 아니에요.

334
พนักงานธนาคาร
파낙응아-ㄴ 타-나-카-ㄴ
(은행) 창구 직원

มี 🔲 กี่คนครับ(คะ)
미-   끼- 콘 크랍 카
창구 직원이 몇 명이나 있어요?

335
ฝากเงิน
퐈-ㄱ 응어-ㄴ
예금하다

ต้องการ 🔲 ครับ(ค่ะ)
떵까-ㄴ   크랍 카
예금을 하고 싶어요.

336
ถอน
터-ㄴ
인출하다

ต้องการ 🔲 เงินสดครับ(ค่ะ)
떵까-ㄴ   응어-ㄴ 쏟 크랍 카
현금을 인출하고 싶어요.

337
บัตรประจำตัว
받 쁘라짬뚜-워
신분증

กรุณานำ 🔲 มาด้วยนะครับ(คะ)
까루나- 남   마- 두-어이 나 크랍 카
신분증을 가지고 오시기 바랍니다.

338 **รหัสผ่าน** 라한 파-ㄴ 비밀번호	มาเพื่อเปลี่ยน ครับ (ค่ะ) 마- 프-아 쁠리-얀 크랍 카 비밀번호를 바꾸러 왔어요.
339 **หาเงิน** 하- 응으ㅓㄴ (돈을) 벌다	เดือนนี้ ไม่ได้เลยครับ(ค่ะ) 드-언 니- 마이다이 르ㅓ-이 크랍 카 이번 달에 돈을 하나도 못 벌었어요.
340 **สมุดบัญชี** 싸뭇 반치- 계좌	ช่วยบอกเลขที่ หน่อยครับ 추-워이 버-ㄱ 레-ㄱ티- 너이 크랍 (ค่ะ) 카 계좌 번호를 좀 알려주세요.
341 **คิว** 키우 순번, 차례, 줄	ต่อไปเชิญครับ(ค่ะ) 떠-빠이 츠ㅓ-ㄴ 크랍 카 다음 차례예요.
342 **ดอกเบี้ย** 더-ㄱ 비-야 이자	ธนาคารนี้มี ต่ำครับ(ค่ะ) 타나-카-ㄴ 니- 미- 땀 크랍 카 이 은행은 이자가 낮아요.
343 **เซ็น** 쎈 사인, 서명	กรุณา ชื่อที่นี่ครับ(ค่ะ) 까루나- 츠- 티니- 크랍 카 여기에 서명을 하세요.

 태국의 통화

 지폐

ยี่สิบบาท
이y씹 바-ㄷ
20바트

ห้าสิบบาท
하-씹 바-ㄷ
50바트

หนึ่งร้อยบาท
능 러r-이바-ㄷ
100바트

ห้าร้อยบาท
하-러r-이 바-ㄷ
500바트

หนึ่งพันบาท
능 판바-ㄷ
1000바트

 동전

หนึ่งบาท
능 바-ㄷ
1바트

สองบาท
써-ㅇ바-ㄷ
2바트

ห้าบาท
하-바-ㄷ
5바트

สิบบาท
씹 바-ㄷ
10바트

วันที่ **23** 은행, 우체국, 편의점에서

플러스 단어

สมุดบัญชี 통장
싸뭇 반치-

ธนบัตร 지폐
타나밭

เหรียญ 동전
리 r - 얀

เช็ค 수표
첵

อัตราแลกเปลี่ยนเงิน 환율
앋뜨라r- 래-ㄱ 쁠리-얀응으ㅓㄴ

ธุรกรรมผ่านทางอินเทอร์เน็ต 인터넷 뱅킹
투라깜 파-ㄴ타-ㅇ 인뜨ㅓ넷

ค่าธรรมเนียม 수수료
카- 탐니-얌

เครื่องถอนเงิน 현금 입출금기
크르r-엉 타-ㄴ응으ㅓㄴ

ตู้เก็บของมีค่า 금고, 귀중품 보관소
뚜- 껩 커-ㅇ 미- 카-

โอนเงิน (돈을) 이체하다
오-ㄴ응으ㅓㄴ

การให้กู้ยืม 대출
까-ㄴ 하이꾸- 이으y-ㅁ

การค้ำประกัน 담보
까-ㄴ 캄 쁘라r깐

เงินกู้ 대출금, 융자금
응으ㅓㄴ꾸-

ตู้เซฟ 안전 금고
뚜-쎄-ㅂ

กระปุกออมสิน 저금통
끄라r뿍 어-ㅁ 씬

ได้รับเงินก้อนโต 큰돈을 벌다
다이랍 응으ㅓㄴ 꺼-ㄴ 또-

รหัสไปรษณีย์ 우편번호
라r핫 쁘라r이싸니-

ผู้ส่ง 발신인
푸- 쏭

ผู้รับ 수신인
푸- 랍r

บุรุษไปรษณีย์ 우체부
부룻r 쁘라r이싸니-

การส่งกลับ 반송
까-ㄴ 쏭 끌랍

ตาชั่ง 저울
따- 창

ตราไปรษณีย์ (우체국) 소인
뜨라r- 쁘라r이싸니-

ไปรษณีย์ด่วนพิเศษ 속달 우편
쁘라r이싸니- 두-원 피쎄-ㄷ

โปสการ์ด 엽서
뽀-ㅅ까-ㄷ

การบริการส่งถึงที่บ้าน 택배
까-ㄴ버-리r까-ㄴ 쏭틍티-바-ㄴ

ถุงพลาสติก 비닐봉지
퉁 플라-싸띡

ถุงกระดาษ 종이봉투
퉁 끄라r다-ㄷ

บัตรสะสม 적립 카드
밧 싸 쏨

โทรเลข 전보
토-라레-ㄱ

미니 테스트

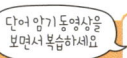

단어 암기 동영상을 보면서 복습하세요.

1 다음 단어의 뜻을 적어 보세요.

1 ธนาคาร _____   2 ไปรษณีย์ _____

3 ร้านสะดวกซื้อ _____   4 เงิน _____

5 ถอน _____   6 สมุดบัญชี _____

2 다음 뜻을 태국어로 써 보세요.

1 순번, 차례, 줄 _____   2 이자 _____

3 예산 _____   4 우표 _____

5 보내다 _____   6 받다 _____

3 태국어와 우리말 뜻을 알맞게 연결해 보세요.

1 พัสดุ • • ① 상자

2 การส่งสินค้า • • ② 가볍다

3 กล่อง • • ③ 무겁다

4 หนัก • • ④ 배달, 배송

5 เบา • • ⑤ 소포

---

1 1. 은행 2. 우체국 3. 편의점 4. 돈 5. 인출하다 6. 계좌
2 1. 큐 2. 돈케비이 3. 응쁘라마안 4. 쌔땀쁘 5. 쏭 6. 랍
3 1. ⑤ 2. ④ 3. ① 4. ③ 5. ②

 วันที่ 24 공부순서 ☐ MP3 듣기 ➡ ☐ 단어 암기 ➡ ☐ 예문 빈칸 채우기 ➡ ☐ 단어암기 동영상

병원, 약국에서

MP3를 들어보세요

โรงพยาบาล
로r-ㅇ 파야바-ㄴ
병원

หวัด
왇
감기

ไข้
카이
열

ฉีดยา
치-ㄷ야-
주사

ยา
야-
약

รอยขีดข่วน
러r-이 키-ㄷ 쿠-언
찰과상

362
ง่วงนอน
응우-엉 너-ㄴ
졸리다

ทำไมเขาถึง 🖉 แบบนั้นครับ(คะ)
탐마이 카오 틍 배-ㅂ난 크랍 카
그는 왜 저렇게 졸려 해요?

363
ร้องเรียน
러r-ㅇ 리r-얀
불평(하소연)하다

🖉 ได้ที่ไหนดีครับ(คะ)
다이 티-나이 디- 크랍 카
어디다 하소연해야 좋을까요?

364
พยาบาล
파야-바-ㄴ
간호사

เรียก 🖉 ไหมครับ(คะ)
리r-약 마이 크랍 카
간호사를 부를까요?

365
ปวด
뿌-월
(통증 등) 아프다

🖉 หัวครับ(ค่ะ)
후워 크랍 카
머리가 아파요.

Tip
진료 과목에 따른 표현

ศัลยแพทย์ 외과 의사
싼(라)야 패-ㄷ

หมอศัลยกรรมตกแต่ง 성형외과 의사
머- 싼(라)야깜 똑땡

สูติแพทย์ 산부인과 의사
쑤-띠 패-ㄷ

นรีแพทย์ 부인과 의사
나라r-패-ㄷ

จิตแพทย์ 정신과 의사
찓따패-ㄷ

หมอแผนกโรคหัวใจ 심장과 의사
머- 파내-ㄱ 로-ㄱ 후워짜이

ทันตแพทย์ 치과 의사
탄따패-ㄷ

กุมารแพทย์ 소아과 의사
꾸마-라 패-ㄷ

แพทย์ผิวหนัง 피부과 의사
패-ㄷ 피우 낭

แพทย์ประสาทวิทยา 신경과 의사
패-ㄷ 쁘라r싸-ㄷ 윋타야-

366
อ่อนแอ
어 - ㄴ 애 -
약한, 허약한

กล้ามเนื้อของเธอ ▭ ครับ(ค่ะ)
끌라-므느-아 커-ㅇ 트-ㅓ   크랍 카
그녀는 근육이 약해요.

367
โรค
로 r - ㄱ
병, 질병

แมวของเขาเสียชีวิตด้วย ▭
매-우 커-ㅇ 카오 씨-야 치-윋 두-어이
หัวใจครับ(ค่ะ)
후-워짜이 크랍 카
그의 고양이는 심장병으로 죽었어요.

368
ปวดฟัน
뿌 - 월 판f
치통

▭ ตั้งแต่เมื่อวานครับ(ค่ะ)
              땅때-   므-아와-ㄴ 크랍 카
어제부터 치통이 있어요.

369
การนัดตรวจโรค
까-ㄴ낟 뜨루r-월 로r-ㄱ
(진료) 예약

อยากจะยกเลิก ▭ ครับ(ค่ะ)
야-ㄱ 짜 욕르ㅓ-ㄱ   크랍 카
진료 예약을 취소하고 싶어요.

370
สุขภาพแข็งแรง
쑥 카 파-ㅂ 캥 래 r - ㅇ
건강한

ต้องรักษา ▭ ไว้ให้ครับ(ค่ะ)
떵   락싸-   와이하이 크랍 카
건강을 잘 유지해야 합니다.

371
ผลการตรวจสอบ
폰 까-ㄴ 뜨루r-월 써-ㅂ
결과

▭ ที่ดีครับ(ค่ะ)
   티-디- 크랍 카
검사 결과는 양호해요.

372
แพ้
/แพ/
알레르기

เขา ถั่วลิสงครับ(ค่ะ)
카오　　　　　투워리쑹　크랍　카
그는 땅콩 알레르기가 있어요.

373
รู้สึก
รู-้ สึก
느끼다

วันนี้ ▨▨▨ เป็นยังไงครับ(คะ)
완니-　　　　　뻰 양응아이 크랍 카
오늘 어떠세요?

374
เครียด
크리r-얃
스트레스

▨▨▨ มากในที่ทำงานครับ(ค่ะ)
　　마-ㄱ 나이티- 탐응-안 크랍 카
직장에서 스트레스를 많이 받아요.

Tip
증상을 나타내는 단어 및 표현

เป็นหวัด 감기에 걸리다
뻰 왇

ปวดท้อง 배가 아프다
뿌-월터-ㅇ

เจ็บคอ 목이 아프다
쩹 커-

ตัวร้อน 고열
뚜-워라r-ㄴ

น้ำมูก 콧물
남무-ㄱ

เลือดกำเดา 코피
르-얃 깜다오

ท้องเสีย 설사
터-ㅇ씨-야

อาการเวียนศีรษะ 어지럼증
아-까-ㄴ 위-얀 씨-싸

อาการคัน 가려움증
아-까-ㄴ 칸

ตะคริว 쥐가 나다, 경련이 일어나다
따크리우

ปวดเมื่อย 근육이 결리다
뿌-월 므-아이

มวลกล้ามเนื้อ 근육 뭉침
무-원 끌람느-아

เคล็ด 삐다
클렏

เลือดออก 피가 나다
르-얃 어-ㄱ

플러스 단어

ไปโรงพยาบาล 병원에 가다
빠이 로r-ㅇ파야-바-ㄴ

ไปหาหมอฟัน 치과에 가다
빠이 하- 머- 퐌f

ถูกนำตัวส่งโรงพยาบาล 병원에 실려 가다
투-ㄱ 남뚜-워 쏭 로r-ㅇ파야-바-ㄴ

รถพยาบาล 구급차
롣r 파야-바-ㄴ

สถานการณ์ฉุกเฉิน 응급 상황
싸타-나 까-ㄴ 축츠ㅓ-ㄴ

ชุดปฐมพยาบาล 구급상자
춛 빠톰 파야-바-ㄴ

เข้ารับการรักษาพยาบาล 입원하다
카오랍r 까-ㄴ 락r싸- 파야-바-ㄴ

ออกจากโรงพยาบาล 퇴원하다
어-ㄱ짜-ㄱ 로r-ㅇ파야-바-ㄴ

ตรวจ 검사하다
뜨루r-월

หายเป็นปกติ 낫다
하-이 뻰 뽀까띠

รับการรักษา 치료를 받다
랍r 까-ㄴ 락r싸-

ผ่าตัด 수술하다
파- 딷

การตรวจสุขภาพ 건강 검진
까-ㄴ 뜨루r-월 쑥카파-ㅂ

อาการของโรค 증상
아-까-ㄴ 커-ㅇ로r-ㄱ

การวินิจฉัยโรค 진단
까-ㄴ 위닏차이 로r-ㄱ

การสั่งจ่ายยา 처방
까-ㄴ 쌍 짜-이 야-

ใบสั่งจ่ายยา 처방전
바이 쌍 짜-이 야-

อุณหภูมิของร่างกาย 체온
운나하푸-ㅁ 커-ㅇ라r-ㅇ까-이

ความดันโลหิต 혈압
콰-ㅁ 단 로-힏

ชีพจร 맥박
치-ㅂ파쩌-ㄴ

การปวดศีรษะ 두통
까-ㄴ 뿌-월

โรคเบาหวาน 당뇨병
로r-ㄱ 바오 와-ㄴ

โรคมะเร็ง 암
로r-ㄱ 마ㄹ랭

โรคหอบ 천식
로r-ㄱ 허-ㅂ

โรคนอนไม่หลับ 불면증
로r-ㄱ 너-ㄴ 마이랍

โรคซึมเศร้า 우울증
로r-ㄱ 씀싸오

ผดผื่น 발진
폳 프-ㄴ

การไอ 기침
까-ㄴ 아이

เสมหะ 가래
쎄-ㅁ하

การจาม 재채기
까-ㄴ 짜-ㅁ

การอาเจียน 구토
까-ㄴ 아-찌-얀

รู้สึกคลื่นไส้ 울렁거림, 구역
루r-쓱 클르-ㄴ싸이

รอยช้ำ 멍
러r-이참

บวม 붓기, 부종
부-월

164

미니 테스트

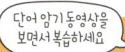

1 다음 단어의 뜻을 적어 보세요.

1 โรงพยาบาล _____ 2 หวัด _____

3 ไข้ _____ 4 ยา _____

5 หมอ _____ 6 คนไข้ _____

2 다음 뜻을 태국어로 써 보세요.

1 건강 _____ 2 간호사 _____

3 치통 _____ 4 콧물 _____

5 목이 아프다 _____ 6 가려움증 _____

3 태국어와 우리말 뜻을 알맞게 연결해 보세요.

1 รู้สึก • • ① 혈액

2 เครียด • • ② 느끼다

3 พักผ่อน • • ③ 긴장하다

4 โลหิต • • ④ 스트레스

5 เกร็ง • • ⑤ 쉬다

1 1. 병원 2. 감기 3. 열 4. 약 5. 의사 6. 환자
2 1. สุขภาพ 2. พยาบาล 3. ปวดฟัน 4. น้ำมูก 5. เจ็บคอ 6. อาการคัน
3 1. ② 2. ④ 3. ⑤ 4. ① 5. ③

วันที่ 25

공부순서: ☐ MP3 듣기 ➡ ☐ 단어 암기 ➡ ☐ 예문 빈칸 채우기 ➡ ☐ 단어암기 동영상

취미 생활

MP3를 들어보세요

เล่นเปียโน
렌 삐야-노-
피아노를 치다

ไปดูหนัง
빠이두- 낭
영화를 보러 가다

ฟังเพลง
퐝f 플레-ㅇ
노래를 듣다

ร้องเพลง
러r-ㅇ 플레-ㅇ
노래를 부르다

วาดรูป
와-ㄷ 루-ㅂ
그림을 그리다

อ่านหนังสือ
아-ㄴ 낭쓰-
책을 읽다

381
งานอดิเรก
응아-ㄴ 아디레-ㄱ
취미

คืออะไรครับ(คะ)
크- 아라이 크랍 카
취미가 뭐예요?

382
ชอบ
처-ㅂ
좋아하다

การตกปลาเป็นสิ่งที่เขา ครับ(ค่ะ)
까-ㄴ 똑쁠라- 뻰 씽 티- 카오 크랍 카
낚시는 그가 좋아하는 것이에요.

383
ใช้เวลา
차이 웨-ㄹ라-
시간을 보내다

ฉันชอบ กับเพื่อนๆครับ(ค่ะ)
찬 처-ㅂ 깝 프안프-안 크랍 카
친구들과 시간 보내는 걸 좋아해요.

384
เวลาว่าง
웨-ㄹ라- 와-ㅇ
한가하다

ทำอะไรหรอครับ(คะ)
탐 아라이 러- 크랍 카
한가할 때 무엇을 하세요?

385
หนัง
낭
영화

ไปดู กันไหมครับ(คะ)
빠이 두- 깐 마이 크랍 카
영화 보러 가실래요?

386
วาด
와-ㄷ
(그림을) 그리다

กำลัง อะไรอยู่หรอครับ(คะ)
깜랑 아라이 유- 러- 크랍 카
뭘 그리고 계신 거예요?

393
เล่นดนตรี
렌 돈뜨리r-
(악기를) 연주하다

เธอ ____ เก่งครับ(ค่ะ)
트-ㅓ 껭 크랍 카
그녀는 악기를 잘 다뤄요.

394
เครื่องดนตรี
크르r-앙 돈뜨리r-
악기

รู้วิธีการเล่น ____ ไหมครับ(คะ)
루-위티- 까-ㄴ 렌 마이 크랍 카
악기를 연주할 줄 아세요?

395
ปริศนาคำทาย
쁘릳r싸 나- 캄 타-이
수수께끼

ฉันเก่งในการไข ____ ครับ(ค่ะ)
찬 껭 나이 까-ㄴ 카이 크랍 카
저는 수수께끼를 잘 풀어요.

396
รูปถ่าย
루-ㅂ 타-이
사진

มี ____ วัยเด็กเยอะมากครับ(ค่ะ)
미- 와이 덱 여y 마-ㄱ 크랍 카
어릴 적 사진이 많아요.

Tip
악기 이름

กีตาร์ 기타
끼-따-

ฟลุต 플루트
플f룯

กลอง 드럼
끌러-ㅇ

ไวโอลิน 바이올린
와이오r-리-ㄴ

เมาท์ออร์แกน 하모니카
마오 어-깨-ㄴ

ทรัมเป็ต 트럼펫
트람r뻳

เชลโล 첼로
체ㄹ로-

เปียโน 피아노
삐-야노-

แซกโซโฟน 색소폰
쌕쏘-포f-ㄴ

플러스 단어

วาดรูป 그림
와-ㄷ루r-ㅂ

การแสดง 쇼, 공연
까-ㄴ 싸대-ㅇ

บัลเลต์ 발레
반 레-

โอเปร่า 오페라
오-뻬-라-

ละครเพลง 뮤지컬
라커-ㄴ 플레-ㅇ

ละครเวที 연극
라커-ㄴ 웨-티-

สร้างสรรค์ 창작하다
싸-ㅇ 싼

ประดิษฐ์ 발명하다
쁘라딛

แบบจำลอง 모델, 모형
배-ㅂ 짬러-ㅇ

ทำขนม 제과(제빵)하다
탐 카놈

การทำสวน 정원 가꾸기
까-ㄴ 탐 쑤-원

การแกะสลัก 조각하기
까-ㄴ 깨쌀락

การปีนหน้าผา 암벽 타기
까-ㄴ 삐-ㄴ 나- 파-

การถักไหมพรม 뜨개질 하기
까-ㄴ 탁 마이 프롬

การเย็บผ้า 바느질하기
까-ㄴ 옙 y 파-

การทำภาพยนตร์ 영화를 만들다
까-ㄴ 탐 파-ㅂ파욘

เขียนนวนิยาย 소설을 쓰다
키-안 나와니야-이

แก้ปริศนา 퍼즐을 풀다
깨- 쁘릳r싸나

ตกปลา 낚시를 하다
똑 쁠라-

เล่นเกมออนไลน์ 온라인 게임을 하다
렌 께-ㅁ 어-ㄴ라이

ถ่ายรูป 사진을 찍다
타-이루r-ㅂ

พับกระดาษ 종이접기를 하다
팝 끄라r다-ㄷ

แกะสลักไม้ 목공예
깨 쌀락 마이

การปั้น 도자기 빚기
까-ㄴ 빤

เล่นว่าว 연을 날리다
렌 와-우

การแสดงมายากล 마술을 보여주다
까-ㄴ 싸-댕 마-이야-꼰

สะสมของเล่น 피규어를 수집하다
싸쏨 커-ㅇ 렌

ดูดาว 별을 관찰하다
두-다-우

ปาร์ตี้ 파티를 열다
빠-띠-

การจัดดอกไม้ 꽃꽂이
까-ㄴ 짣더-ㄱ 마-이

เชี่ยวชาญ 능숙한
치-야우 차-ㄴ

미니 테스트

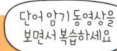

1 다음 단어의 뜻을 적어 보세요.

1 ฟังเพลง _____
2 วาดรูป _____
3 อ่านหนังสือ _____
4 ชอบ _____
5 หนัง _____
6 เต้น _____

2 다음 뜻을 태국어로 써 보세요.

1 모으다, 수집하다 _____
2 (기계 등을) 고치다 _____
3 콘서트, 음악회 _____
4 캠핑, 야영 _____
5 공연 _____
6 연극 _____

3 태국어와 우리말 뜻을 알맞게 연결해 보세요.

1 งานอดิเรก   •   • ① 낚시를 하다

2 ประดิษฐ์   •   • ② 온라인 게임을 하다

3 ตกปลา   •   • ③ 연을 날리다

4 ชักว่าว   •   • ④ 취미

5 เล่นเกมออนไลน์   •   • ⑤ 발명하다

---

1 1. 노래를 듣다 2. 그림을 그리다 3. 책을 읽다 4. 좋아하다 5. 영화 6. 춤추다
2 1. สะสม 2. ซ่อม 3. คอนเสิร์ต 4. แคมปิ้ง 5. การแสดง 6. ละครเวที
3 1. ④ 2. ⑤ 3. ① 4. ③ 5. ②

วันที่ **25** 취미 생활

วันที่ 26

공부순서: ☐ MP3 듣기 ➡ ☐ 단어 암기 ➡ ☐ 예문 빈칸 채우기 ➡ ☐ 단어암기 동영상

운동·스포츠

🎧 MP3를 들어보세요

ฟุตบอล
푿f 번
축구

เบสบอล
베-ㅆ 번
야구

บาสเกตบอล
바-ㅆ껟 번
농구

ว่ายน้ำ
와-이나-ㅁ
수영

กอล์ฟ
껍/꺼-ㅂ
골프

มาราธอน
마-라-터-ㄴ
마라톤

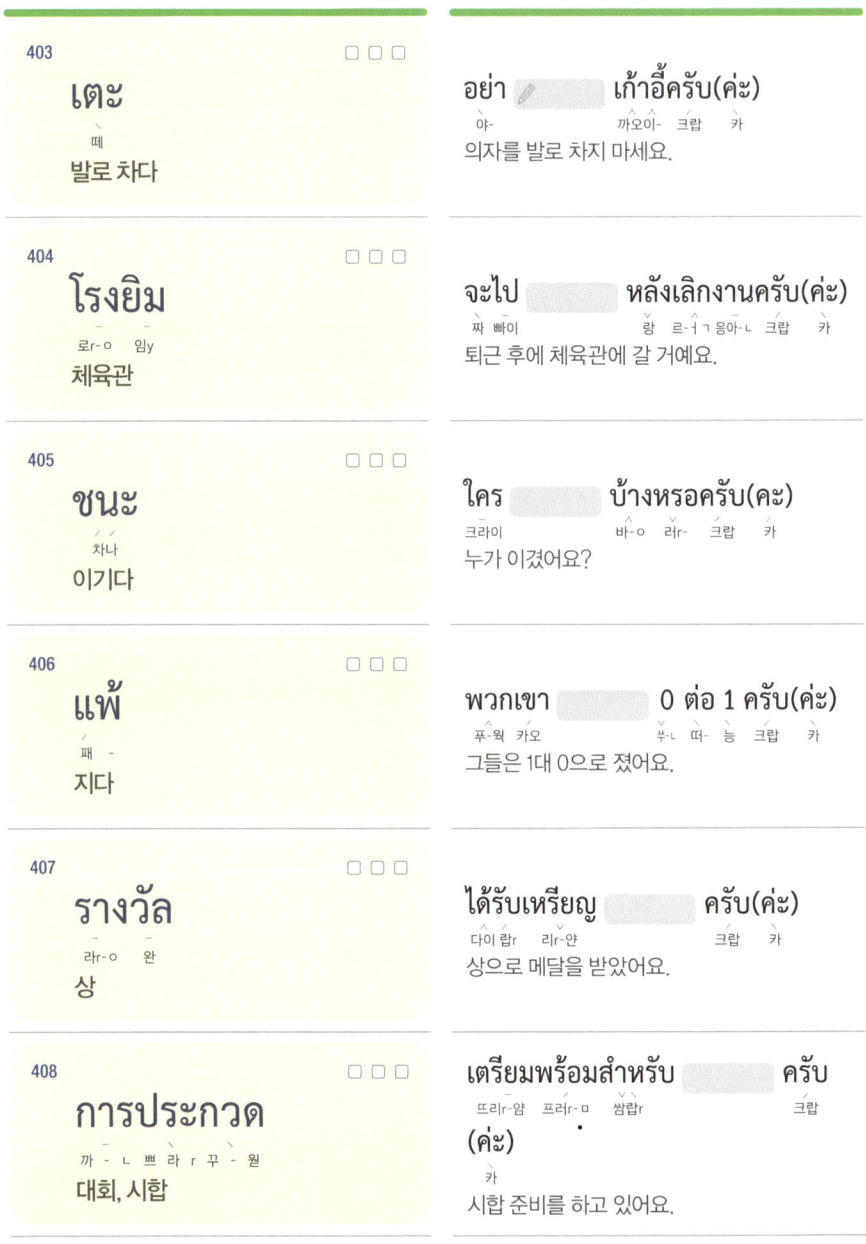

409
สูสี
쑤-씨-
막상막하이다

เป็นเกมที่ ▓▓▓ ครับ(ค่ะ)
뻰 께-ㅁ 티- 크랍 카
막상막하인 경기였어요.

410
การแสดงความยินดี
까-ㄴ 싸대-ㅇ 콰-ㅁ 인yㄷl-
축하(인사)

ฝากบอกเขาว่า ▓▓▓ ด้วยครับ(ค่ะ)
파-ㄱ 버-ㄱ 카오 와- 두-어이 크랍 카
그에게 축하한다고 전해 주세요.

411
มวยไทย
무-워이 타이
태국식 전통무술

อึนอูกำลังฝึก ▓▓▓ อยู่ครับ(ค่ะ)
은우 깜랑 픅ㄱ 유- 크랍 카
은우는 무에타이를 연습하는 중이에요.

Tip

운동경기 이름

แบดมินตัน 배드민턴
밷 민 딴

เทนนิส 테니스
테-ㄴ 닏

วอลเลย์บอล 배구
원레- 번

ยิงธนู 양궁
잉yㅌ 하키
허-ㄱ끼-

ฮอกกี้ 하키
허-ㄱ끼-

ฮอกกี้น้ำแข็ง 아이스하키
허-ㄱ끼- 남캥

มวยปล้ำ 레슬링
무-워이쁠람

สกี 스키
싸끼-

สเก็ต 스케이트
싸껟

มวย 권투
무-워이

ขี่ม้า 승마
키-마-

โยคะ 요가
요y-카-

ปิงปอง 탁구
삥뻥

เทควันโด 태권도
테-콴도-

แอโรบิค 에어로빅
에-로r-빅

โบว์ลิ่ง 볼링
보-ㄹ링

플러스 단어

สนามกีฬา 주경기장, 스타디움
싸나-ㅁ 끼-ㄹ라-

สนามเบสบอล 야구장
싸나-ㅁ 배-ㅆ번

คอร์ท 코트
커-ㄷ

การแข่งขันกรีฑา 육상 경기장
까-ㄴ 캥칸 끄리r-타-

ลานสเก็ตน้ำแข็ง 아이스 링크
라-ㄴ 싸껫 남캥

สระว่ายน้ำ 수영장
싸 와-이나-ㅁ

ผู้ชม 관객
푸-촘

ปรบมือ 박수를 치다
쁘롭r므-

โห่ร้อง 환호(갈채)를 보내다
호-러r-ㅇ

กองเชียร์ 응원단
꺼-ㅇ 치-야

นักกีฬา 선수
낙 끼-ㄹ라-

กรรมการ 심판
깜 마 까-ㄴ

อุปกรณ์ออกกำลังกาย 운동 장비
웁빠꺼-ㄴ 어-ㄱ 깜랑까-이

ผู้เชี่ยวชาญ 프로
푸-치-여우 차-ㄴ

สมัครเล่น 아마추어
싸막 렌

เข้าร่วม ~에 참여하다
카오 루r-엄

แข่งขัน 경쟁하다
캥 칸

การแข่งขันรอบ 토너먼트
까-ㄴ 캥칸 러r-ㅂ

การแข่งขันรอบสุดท้าย 결승전
까-ㄴ 캥칸 러r-ㅂ 쑷타-이

โอลิมปิก 올림픽
오-ㄹ림 삑

คู่แข่ง 적수, 상대
쿠-캥

ครองอันดับ1 1위를 차지하다
크러r-ㅇ 안답 능

ผู้ชนะ 승자
푸-차나

ผู้แพ้ 패자
푸-패-

เหรียญ 메달
리r-얀

ถ้วยรางวัล 트로피
투-워이 라r-ㅇ완

แสดงความยินดี 축하하다
싸대-ㅇ 콰-ㅁ 인yㄷ ㅣ-

ตัวแทนนักกีฬา 주장
뚜-워태-ㄴ 낙끼-ㄹ라-

โค้ช 코치
코-ㄷ

ฝึกฝน 단련하다, 훈련하다
픅f 폰f

การอบอุ่นร่างกาย 준비운동
까-ㄴ 옵운 라r-ㅇ까-이

ความเสมอกัน 무승부
콰-ㅁ 싸므ㅓ-깐

미니 테스트

단어 암기 동영상을 보면서 복습하세요.

1 다음 단어의 뜻을 적어 보세요.

1 ฟุตบอล _____ 2 เบสบอล _____

3 บาสเกตบอล _____ 4 ว่ายน้ำ _____

5 กอล์ฟ _____ 6 แบดมินตัน _____

2 다음 뜻을 태국어로 써 보세요.

1 테니스 _____ 2 배구 _____

3 스키 _____ 4 스케이트 _____

5 운동선수 _____ 6 관객 _____

3 태국어와 우리말 뜻을 알맞게 연결해 보세요.

1 กรรมการ • • ① 승자

2 สมัครเล่น • • ② 심판

3 โอลิมปิก • • ③ 아마추어

4 ผู้ชนะ • • ④ 패자

5 ผู้แพ้ • • ⑤ 올림픽

1 1. 축구 2. 야구 3. 농구 4. 수영 5. 골프 6. 배드민턴
2 1. 테니스 2. 발레이볼 3. 스키 4. 스케트 5. 낙끼타 6. 푸촘
3 1. ② 2. ③ 3. ⑤ 4. ① 5. ④

วันที่ **26** 운동 · 스포츠

วันที่ 27 전화·통신

공부순서: ☐ MP3 듣기 ➡ ☐ 단어 암기 ➡ ☐ 예문 빈칸 채우기 ➡ ☐ 단어암기 동영상

🎧 MP3를 들어보세요

ดนตรี	ปฏิทิน	อัลบั้มรูป
돈뜨리r-	빠 띠 틴	안라ㅁ 루r-ㅂ
음악	달력	사진첩

วีดิโอ	อากาศ	นาฬิกา
위-디-오-	아-까-ㄷ	나-리까-
동영상	날씨	시계

แผนที่	กล้องถ่ายรูป	
패-ㄴ티-	끌렁 타-이루r-ㅂ	
지도	카메라	

โทรศัพท์	จดหมาย	ข้อความ
토-라r 쌉	쫃 마-이	커-쾀-ㅁ
전화	우편	메시지

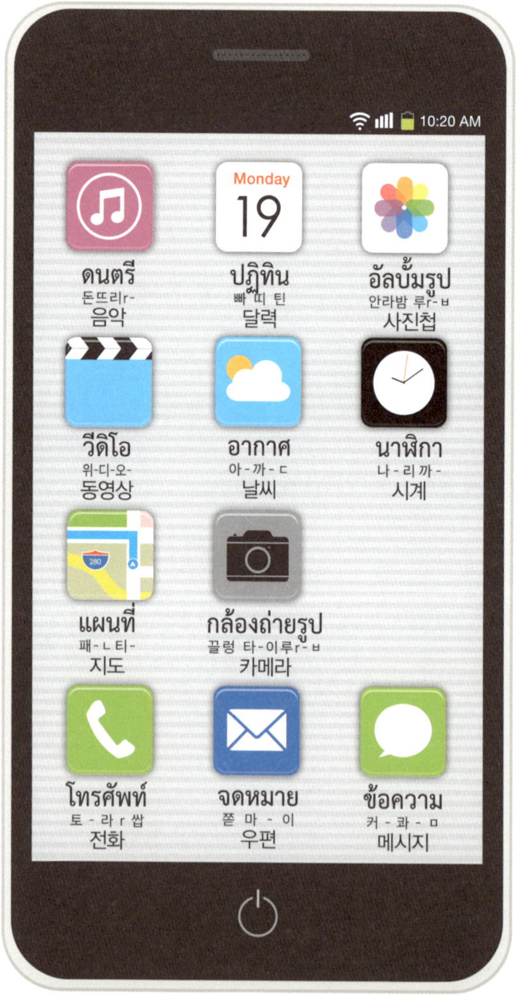

412
โทรศัพท์
토-라r쌉
전화, 전화기

ทิ้ง ____ ไว้ที่บ้านครับ(ค่ะ)
팅   와이 티-바-ㄴ 크랍 카
그가 전화기를 집에 두고 왔어요.

413
โทรศัพท์มือถือ
토-라r쌉 므-트-
휴대 전화

ต้อง ปิด ____ บนเครื่องบินครับ
떵 삗   본 크르-앙빈 크랍
(ค่ะ)
카
비행기에서는 휴대 전화를 꺼야 해요.

414
โทร
토-
전화하다

กรุณา ____ หาได้ตลอดเวลา
까루나-   하- 다이 따ㄹ러-ㄷ 웨-ㄹ라-
ครับ (ค่ะ)
크랍 카
언제든 전화 주세요.

415
ข้อความ
커-콰-ㅁ
문자

จะส่งที่อยู่ให้ทาง ____ ครับ(ค่ะ)
짜 쏭 티-유- 하이 타-ㅇ   크랍 카
문자로 주소 보내드릴게요.

💡Tip
전화 대화 필수 표현

ขอพูดสายกับคุณออมได้ไหมครับ(คะ) 엄 씨와 통화할 수 있을까요?
커-푸-ㄷ싸-이 깝 쿤 어-ㅁ 다이마이 크랍 카

ฉันเองครับ(ค่ะ) 저예요.
찬에-ㅇ크랍 카

ขอโทษครับ(ค่ะ) ใครครับ(คะ) 실례지만 누구세요?
커-토-ㄷ크랍 카 크라이 크랍 카

ครับ(ค่ะ) อย่าพึ่งวางสายนะครับ(คะ) 전화 끊지 말고 기다리세요.
크랍 카 야-픙 와-ㅇ 싸-이 나 크랍 카

เขากำลังคุยโทรศัพท์ 그는 통화 중이에요.
카오 깜랑쿠이 토-라r쌉

โทรผิดครับ(ค่ะ) 전화 잘못 거셨어요.
토-핃 크랍 카

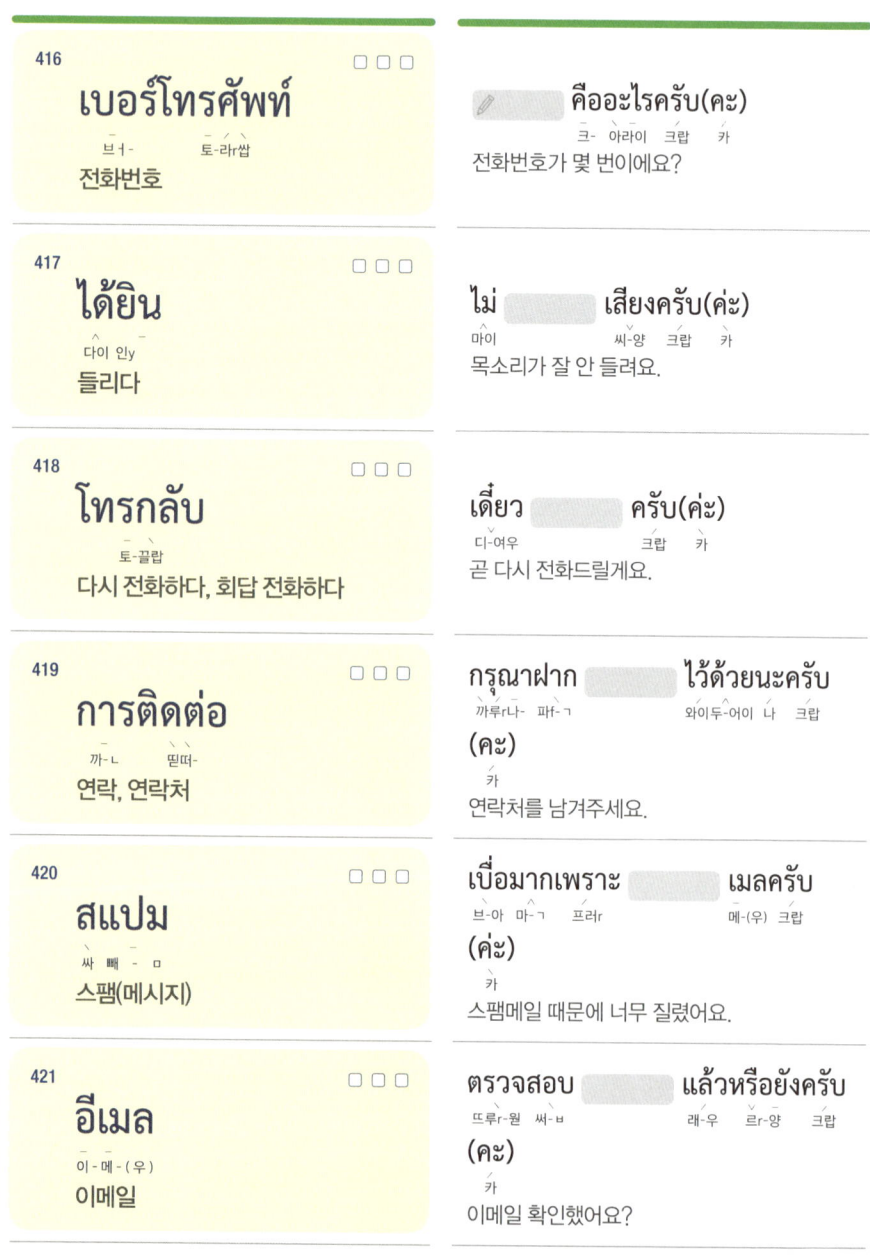

416
เบอร์โทรศัพท์
브- 토-라r삽
전화번호

คืออะไรครับ(คะ)
크- 아라이 크랍 카
전화번호가 몇 번이에요?

417
ได้ยิน
다이 인y
들리다

ไม่ เสียงครับ(ค่ะ)
마이 씨-양 크랍 카
목소리가 잘 안 들려요.

418
โทรกลับ
토-끌랍
다시 전화하다, 회답 전화하다

เดี๋ยว ครับ(ค่ะ)
디-여우 크랍 카
곧 다시 전화드릴게요.

419
การติดต่อ
까-ㄴ 띧떠-
연락, 연락처

กรุณาฝาก ไว้ด้วยนะครับ
까루나- 파f-ㄱ 와이두-어이 나 크랍
(คะ)
카
연락처를 남겨주세요.

420
สแปม
싸 빼-ㅁ
스팸(메시지)

เบื่อมากเพราะ เมลครับ
브-아 마-ㄱ 프러r 메-(우) 크랍
(ค่ะ)
카
스팸메일 때문에 너무 질렸어요.

421
อีเมล
이-메-(우)
이메일

ตรวจสอบ แล้วหรือยังครับ
뜨루r-웟 써-ㅂ 래-우 르r-양 크랍
(คะ)
카
이메일 확인했어요?

플러스 단어

เสียงโทรศัพท์ 전화가 울리다
씨-양 토-라r쌉

รับสาย 전화를 받다
랍r 싸-이

คุยโทรศัพท์ 전화 통화하다
쿠이 토-라r쌉

วางโทรศัพท์ 전화를 끊다
와-ㅇ 토-라r쌉

ใบแจ้งชำระค่าโทรศัพท์ 전화요금 고지서
바이째-ㅇ 참라r 카-토-라r쌉

ไม่รับสาย (전화가) 먹통인, 연락이 안되는
마이랍r싸-이

สายไม่ว่าง (전화가) 통화 중인
싸-이 마이 와-ㅇ

ข้อความเสียง 음성 메시지
커-콰-ㅁ 씨-양

ฝากข้อความ 메시지를 남기다
퐈f-ㄱ 커-콰-ㅁ

โทรศัพท์มีสาย 유선 전화
토-라r쌉 미-싸-이

สมาร์ทโฟน 스마트폰
싸 맏 포f-ㄴ

ติดต่อ 연락하다
띧 떠-

บัญชีอีเมล 이메일 계정
반치- 이-메-(우)

ที่อยู่อีเมล 이메일 주소
티-유- 이-메-(우)

ไฟล์แนบอีเมล 이메일 첨부 문서
퐈f이 내-ㅂ 이-메-(우)

ส่งอีเมล 이메일을 보내다
쏭 이-메-(우)

รับอีเมล 이메일을 받다
랍r이-메-(우)

เขียนอีเมล 이메일을 쓰다
키-얀 이-메-(우)

อ่านอีเมล 이메일을 읽다
아-ㄴ 이-메-(우)

เช็คอีเมล 이메일을 확인하다
첵 이-메-(우)

ลบอีเมล 이메일을 삭제하다
롭 이-메-(우)

แอพ 앱
앱

โปรแกรมประยุกต์ 응용 프로그램
쁘-로r-끄래r-ㅁ 쁘라육

บล็อก 블로그
블럭

ยูทูป 유튜브
유-툽-

ยูทูปเบอร์ 유튜버
유-투-브-ㅓ

ชื่อจริง 실명
츠- 찡

ชื่อเต็ม 풀네임
츠- 뗌

ไม่ระบุชื่อ 익명
마이 라부 츠-

182

미니 테스트

단어 암기 동영상을 보면서 복습하세요.

1 다음 단어의 뜻을 적어 보세요.

1 ข้อความ _____   2 ปฏิทิน _____

3 โทรศัพท์ _____   4 ได้ยิน _____

5 อีเมล์ _____   6 แนบ _____

2 다음 뜻을 태국어로 써 보세요.

1 댓글 _____   2 블로거 _____

3 유튜버 _____   4 앱 _____

5 스마트폰 _____   6 익명 _____

3 태국어와 우리말 뜻을 알맞게 연결해 보세요.

1 이메일을 보내다 •   • ① วางโทรศัพท์

2 이메일을 받다   •   • ② ส่งอีเมล์

3 메시지를 남기다 •   • ③ ฝากข้อความ

4 전화를 받다   •   • ④ รับอีเมล์

5 전화를 끊다   •   • ⑤ รับสาย

---

1 1. 메시지 2. 달력 3. 전화, 전화기 4. 들리다 5. 이메일 6. 첨부하다
2 1. 코멘트 2. 블로거 3. 유튜버 4. 앱 5. 스마트폰 6. 익명
3 1. ② 2. ④ 3. ③ 4. ⑤ 5. ①

วันที่ 28

공부순서 ☐ MP3 듣기 ➡ ☐ 단어 암기 ➡ ☐ 예문 빈칸 채우기 ➡ ☐ 단어암기 동영상

컴퓨터·인터넷

🎧 MP3를 들어보세요

คอมพิวเตอร์ตั้งโต๊ะ
커-ㅁ 피우뜨ㅓ- 땅또
탁상용 컴퓨터

โน้ตบุ๊ค
노-ㄷ 북
노트북 컴퓨터

เครือข่าย
크르-아 카-이
네트워크

ไฟล์
파f이
파일

คลิก
클릭
클릭하다

ชี้ด้วยเมาส์
치-두-워이 마오
마우스로 가리키다

플러스 단어

ออฟไลน์ 오프라인
어-ㅂ라이

ล็อกอิน 로그인하다
럭 인

ปิด ~을 끄다
삗

ใส่ 입력하다
싸이

ไอดีผู้ใช้ 이용자 아이디
아이디- 푸-차-이

อัปเดต 업데이트하다
압 데-ㄷ

อัปโหลด 업로드하다, (파일을) 올리다
압 로-ㄷ

อัพเกรด 업그레이드
압 끄레r-ㄷ

ยกเลิกการดำเนินการ 실행을 취소하다
욕르l-ㄱ까-ㄴ 담느l-ㄴ까-ㄴ

หน้าจอ 모니터
나- 쩌-

จอภาพ 스크린
쩌- 파-ㅂ

คีย์บอร์ด 키보드, 자판
키 버-ㄷ

เมาส์ไร้สาย 무선 마우스
마오 라이싸-이

เครื่องสแกน 스캐너
크르r-앙 싸깨-ㄴ

ความคมชัด 해상도
콰-ㅁ 콤찯

การท่องอินเทอร์เน็ต 인터넷 서핑
까-ㄴ 텅 인트-ㅓ넫

การลาก 드래그
까-ㄴ 라-ㄱ

บันทึก (파일을) 저장하다
반 특

บูตเครื่อง 부팅하다
부-ㄷ 크르r-앙

เริ่มระบบใหม่ 재시작하다
르ㅓr-ㅁ 라r봅 마이

การเชื่อมโยง 연결
까-ㄴ츠-암요-ㅇ

ลิ้งค์ 링크
링

ตัดการเชื่อมต่อ (연결이) 끊기다
딷 까-ㄴ츠-암 떠

ลายเซ็นอิเล็กทรอนิกส์ 전자 서명
라-이쎈 이ㄹ렉트러r-닉

ลายน้ำ (저작권 보호를 위한) 워터마크
라-이 나-ㅁ

แฮกเกอร์ 해커
핵끄ㅓ-

ไวรัส 바이러스
와이랃r

ระบบผิดพลาด 시스템 오류
라r봅 핃 플라-ㄷ

ไฟร์วอลล์ 방화벽
퐈f이워w-ㄹ

แฮกข้อมูล 해킹하다
해-ㄱ 커-무-ㄹ

미니 테스트

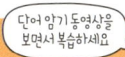

단어 암기 동영상을 보면서 복습하세요.

1 다음 단어의 뜻을 적어 보세요.

1 โน้ตบุ๊ค _____   2 เครือข่าย _____

3 ไฟล์ _____   4 คลิก _____

5 คอมพิวเตอร์ _____   6 ข้อมูล _____

2 다음 뜻을 태국어로 써 보세요.

1 ~을 켜다(열다) _____   2 문서 _____

3 삭제하다, 지우다 _____   4 설치하다 _____

5 인터넷 _____   6 웹사이트 _____

3 태국어와 우리말 뜻을 알맞게 연결해 보세요.

1 ค้นหา   •   • ① 온라인

2 ไวไฟ   •   • ② 저작권

3 ออนไลน์   •   • ③ 실시간

4 ตามเวลาจริง   •   • ④ 와이파이(Wi-Fi)

5 ลิขสิทธิ์   •   • ⑤ 검색하다, 찾다

---

1 1. 노트북 2. 네트워크 3. 파일 4. 클릭하다 5. 컴퓨터 6. 자료, 정보
2 1. 켜다 2. 문서 3. 삭제 4. 설치 5. 인터넷 6. 웹사이트
3 1. ⑤ 2. ④ 3. ① 4. ③ 5. ②

วันที่ **28** 컴퓨터 · 인터넷

วันที่ 29

공부순서: ☐ MP3 듣기 ➡ ☐ 단어 암기 ➡ ☐ 예문 빈칸 채우기 ➡ ☐ 단어암기 동영상

신조어 및 유행어(SNS)

MP3를 들어보세요

เด็กแว้น
덱 웬
폭주족

รำคาญ
람 r 카 - ㄴ
짜증나다

รักสามเส้า
락 r 싸 - ㅁ 싸오
삼각관계

เงินใต้โต๊ะ
응으ㄴ 따이또
뇌물

เตียงหัก
띠 - 양 학
(연인) 이별하다, (부부) 이혼하다

อิน
인
(영화, 드라마 등에) 몰입하다

446
ลำไย
람야이
짜증나다

คนที่ชอบทำอะไรช้าๆ
콘 티- 처-ㅂ 탐 아라이 차-차-
ครับ(ค่ะ)
크랍 카
뭘 하든 늑장 부리는 사람은 짜증나요.

447
รักสามเศร้า
락r 싸-ㅁ 싸오
삼각관계

เคยดูหนังเรื่อง ____ ไหมครับ
커-이 두- 낭 르-앙 마이 크랍
(คะ)
카
영화 '삼각관계' 본 적 있어요?

448
เงินใต้โต๊ะ
응어ㄴ 따이 또
뇌물

พวกนั้นยัด ____ ให้เขาครับ(ค่ะ)
푸-원난 얏 하이 카오 크랍 카
그들은 그에게 뇌물을 들이밀었어요.

449
เตียงหัก
띠-양 학
(연인) 이별하다, (부부) 이혼하다

มีข่าวดาราที่พึ่งแต่งงานใหม่
미- 카우 다라- 티- 픙 땡응아-ㄴ 마이
____ ครับ(ค่ะ)
크랍 카
이제 막 결혼한 연예인이 헤어졌다고 해요.

450
อิน (in)
인
(영화, 드라마 등에) 몰입하다

____ กับละครเรื่องนี้มากๆครับ
깝 라커-ㄴ 르-앙 니- 막마-ㄱ 크랍
(ค่ะ)
카
이 드라마에 푹 빠졌어요.

451
เด็กแว้น
덱 웬
폭주족

ชอบนั่งท้ายมอเตอร์ไซค์ของ
처-ㅂ 낭 타-이 머르어-싸이 커-ㅇ
____ ครับ(ค่ะ)
크랍 카
폭주족의 오토바이 뒤에 타는 걸 좋아해요.

452
เซ็ง
쎙
(기분) 잡치다

 มากที่ต้องไปทำงานใน
마-ㄱ 티- 떵빠이 탐응아-ㄴ 나이
วันหยุดครับ(ค่ะ)
완율 크랍 카
휴일에 일하러 가야 해서 기분 잡쳤어요.

453
โคตร
코-ㄷ
너무, 많이

น่าเบื่อ
나- ㅂ-아
완전 지루해.

454
ติ่ง
띵
열성 팬

เป็น นักร้องคนนั้นครับ(ค่ะ)
뻰 낙r-ㅇ 콘 난 크랍 카
그(저) 가수의 열성 팬이에요

455
ตัวพ่อ
뚜-워 퍼-
독보적이다(남성)

เขาเป็น ในวงการพิธีกร
카오 뻰 나이 웡까-ㄴ 피티-꺼-ㄴ
ครับ(ค่ะ)
크랍 카
그는 MC계의 독보적인 존재예요.

456
ตัวแม่
뚜-워 매-
독보적이다(여성)

เธอเป็น ของวงการ
터- 뻰 커-ㅇ 웡까-ㄴ
นางแบบครับ(ค่ะ)
나-ㅇ베-ㅂ 크랍 카
그녀는 모델계에서 독보적이에요.

457
ปังมาก
빵 마-ㄱ
멋지다, 최고다

แต่งหน้าได้ ครับ(ค่ะ)
땡나- 다이 크랍 카
화장이 예쁘게 (잘) 됐어요.

470 ☐☐☐ **แถ** 태 - 딴소리하다	**นักการเมืองเก่งเรื่องการ** / _{낙 까-ㄴㅁ-앙 껭 ㄹr-앙 까-ㄴ} **ประเด็นต่างๆครับ(ค่ะ)** 정치인들은 _{쁘라덴 땅따-ㅇ 크랍 카} 주요 논점들에 딴소리하는 일에 능숙해요.
471 ☐☐☐ **หมดตูด** 몯 뚜-ㄷ 빈털터리가 되다	**ช้อปปิ้งไปเยอะมาก** **เลย** _{첩뼁 빠이 여y 마-ㄱ ㄹr-이} **ครับ(ค่ะ)** _{크랍 카} 쇼핑을 과하게 했더니 빈털터리가 됐어요.
472 ☐☐☐ **เว่อร์** (over) 워w- (기준을) 넘다, 많다	**อาหารร้านนี้อร่อย** **ครับ** _{아-하-ㄴ 라-ㄴ 니- 아러r-이 크랍} **(ค่ะ)** _카 이 가게 음식은 정말 맛있어요.
473 ☐☐☐ **เนียน** 니 - 얀 몰래 ~하다	**แอบหลับในห้องเรียนแบบ** _{애-ㅂ 랍 나이 헝 ㄹr-얀 배-ㅂ} **ครับ(ค่ะ)** _{크랍 카} 교실에서 들키지 않게 몰래 졸아요.

실생활에서 자주 쓰이는 축약어

ช. 처-	ชาย 차-이 남자, 남성	พ.ศ. 퍼-써-	พุทธศักราช 풋타 싹까라-ㄷ 불력(서력+543년)
ญ. 여y-	หญิง 잉y 여자, 여성	ค.ศ. 커-써-	คริสต์ศักราช 크릳r 싹까라-ㄷ 서력
ถ. 터-	ถนน 타논 도로, 길	ก.ม. 꺼-머-	กฎหมาย 꼳 마-이 법
ฉ. 처-	ฉบับ 차밥 (유별사)(편지, 원고, 신문 등) 편, 부, 통	น.ศ. 너-써-	นักศึกษา 낙 쓱 싸- 대학생
ซ. 써-	ซอย 써-이 골목	ผอ. 퍼-어-	ผู้อำนวยการ 푸-암누-워이까-ㄴ 장관, 국장, 이사장
ธ. 터-	ธนาคาร 타나-카-ㄴ 은행	ร.ง. 러-옹어-	โรงงาน 로-ㅇ응아-ㄴ 공장
น. 너-	นาฬิกา 나-리까- 시계 / นิ้ว 니우 손가락	รพ. 러-퍼-	โรงพยาบาล 로r-ㅇ파야바-ㄴ 병원
บ. 버-	บริษัท 버-리r쌋 회사 / บาท 바-ㄷ 바트 / บ้าน 바-ㄴ 집	รร. 러-러-	โรงเรียน 로-ㅇ리r-얀 학교 / โรงแรม 로-ㅇ래r-ㅁ 호텔
ผ. 퍼-	แผนก 파내-ㄱ 부서	สน. 써-너-	สถานีตำรวจ 싸타-니 땀루r-월 경찰서
ม. 머-	มหาวิทยาลัย 마하-윗타야-ㄹ라이 대학교	สธ. 써-터-	กระทรวงสาธารณสุข 끄라r쑤-웡 싸-타-라r나ⁿ쑥 보건부
อ. 어-	อาจารย์ 아-짜-ㄴ 교수	ตม. 떠-머-	กองตรวจคนเข้าเมือง 꺼-ㅇ뜨루r-월 콘 카오므-앙 출입국 관리소
กก. 꺼-꺼-	กิโลกรัม 끼ㄹ로-끄람r 킬로그램	ส.ส. 써-써-	สมาชิกสภาผู้แทนราษฎร 싸마-칙 싸파-푸-태-ㄴ 라r-ㄷ싸더-ㄴ 국회의원
กม. 꺼-머-	กิโลเมตร 끼ㄹ로-메-ㄷ 킬로미터	จนท. 쩌-너터-	เจ้าหน้าที่ 짜오 나-티- 담당자, 관계자
ซม. 써-머-	เซนติเมตร 쎈 띠 메-ㄷ 센티미터	กทม. 꺼-터머-	กรุงเทพมหานคร 끄룽r테-ㅂ 마하-나커-ㄴ 방콕
มม. 머-머-	มิลลิเมตร 민ㄹ리메-ㄷ 밀리미터	รปภ. 러-뻐-퍼-	รักษาความปลอดภัย 락r싸- 콰-ㅁ 쁠러-ㄷ 파이 경비원
ชม. 처-머-	ชั่วโมง 추-월모-ㅇ 시간		

미니 테스트

단어 암기 동영상을 보면서 복습하세요.

1 다음 단어의 뜻을 적어 보세요.

1 รำคาญ _____   2 รักสามเส้า _____

3 เงินใต้โต๊ะ _____   4 เตียงหัก _____

5 อิน _____   6 เซ็ง _____

2 다음 뜻을 태국어로 써 보세요.

1 열성팬 _____   2 독보적이다(남성) _____

3 독보적이다(여성) _____   4 멋지다, 최고다 _____

5 신이 나다 _____   6 애교 부리다 _____

3 태국어와 우리말 뜻을 알맞게 연결해 보세요.

1 สเปค • • ① 빈털터리가 되다

2 ขั้นเทพ • • ② 이상형

3 แชท • • ③ 사랑스럽다(귀엽다)

4 ตั๋วล๊าก • • ④ 신의 경지

5 หมดตูด • • ⑤ 채팅하다

---

1. 1. 짜증나다 2. 삼각관계 3. 뇌물 4. 이별(이혼)하다 5. 몰입하다 6. (기분) 잡치다
2. 1. 띵 2. ตัวพ่อ 3. ตัวแม่ 4. ปังมาก 5. ฟิน 6. แอ๊บแบ๊ว
3. 1. ② 2. ④ 3. ⑤ 4. ③ 5. ①

วันที่ 30 왕초보 필수 반대말

MP3를 들어보세요

ดัง 당 (소리가) 크다	**เบา** 바오 (소리가) 약하다	**หนา** 나- 두껍다	**บาง** 바-ㅇ 얇다
ใหญ่ 야이 (크기 등) 크다	**เล็ก** 렉 (크기 등) 작다	**สวรรค์** 싸완 천국	**นรก** 나록r 지옥
สูง 쑤-ㅇ (키가) 크다	**เตี้ย** 띠-야 (키가) 작다	**คู่หมั้นชาย** 쿠-만차-이 약혼남	**คู่หมั้นหญิง** 쿠-만잉y 약혼녀
ดุร้าย 두라r-이 사납다	**เชื่อง** 츠-앙 순하다	**เจ้าบ่าว** 짜오 바-우 신랑	**เจ้าสาว** 짜오 싸-우 신부
กล้าหาญ 끌라- 하-ㄴ 용감하다	**ขี้ขลาด** 키- 클라-ㄷ 겁쟁이의	**แต่งงาน** 땡 응아-ㄴ 결혼하다	**หย่า** 야- 이혼하다
รัก 락r 사랑하다	**เกลียด** 끌리-얃 증오하다	**เจ้าหนี้** 짜 오 니- 채권자	**ลูกหนี้** 루-r 니- 채무자
สุภาพสตรี 쑤파-ㅂ 싸뜨리r- 숙녀	**สุภาพบุรุษ** 쑤파-ㅂ 부룯r 신사	**เต็ม** 뗌 가득 차다	**ว่างเปล่า** 와-ㅇ쁠라-오 텅 비다
ชนะ 차나 이기다	**แพ้** 패- 지다	**ของแท้** 커-ㅇ태- 진품	**ของปลอม** 커-ㅇ쁠러-ㅁ 모조품

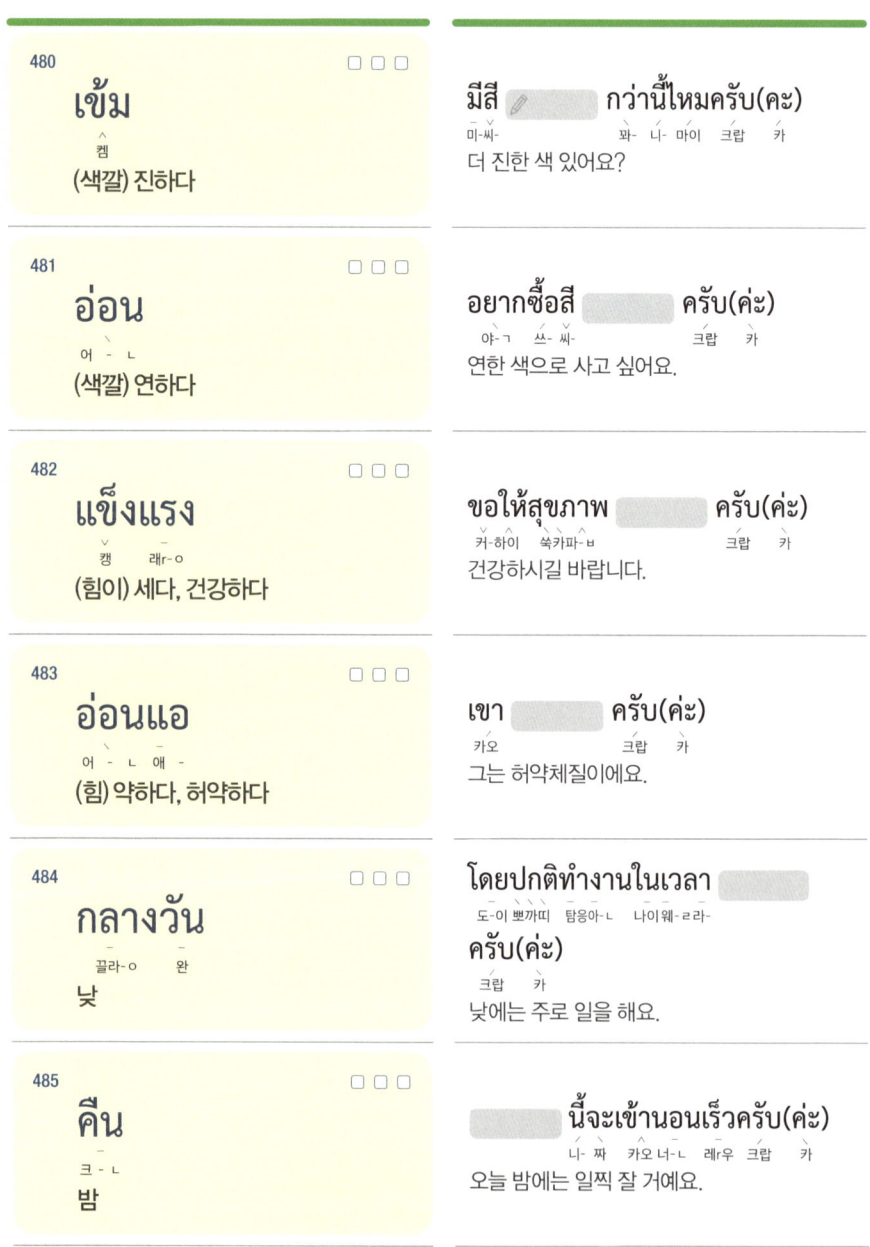

플러스 단어

สกปรก 더럽다
쏙 까쁘록 r

ร้อน 덥다
러r-ㄴ

ผอม 날씬하다
퍼-ㅁ

สว่าง 밝다
싸와-ㅇ

รวย 부자이다
루r-워이

ขยัน 부지런하다
카얀

เร็ว 빠르다
레r우

เริ่ม 시작하다
ㄹㅓr-ㅁ

ง่าย 쉽다
응아-이

เปิด 열다
ㅃㅓ-ㄷ

สวย 예쁘다
쑤-워이

นอน 자다
너-ㄴ

ชอบ 좋아하다
처-ㅂ

เปียก 젖다
삐-약

ออก 출발하다
어-ㄱ

ขึ้น (교통수단) 타다
큰

สะอาด 깨끗하다
싸 아-ㅅ

หนาว 춥다
나-우

อ้วน 뚱뚱하다
우-원

มืด 어둡다
므-ㄷ

จน 가난하다
쫀

ขี้เกียจ 게으르다
키 끼-얏

ช้า 느리다
차-

เสร็จ 끝나다
쎋

ยาก 어렵다
야-ㄱ

ปิด 닫다
삗

น่าเกลียด 추하다
나-끌리-얏

ตื่น 깨다
뜨-ㄴ

ไม่ชอบ 싫어하다
마이 처-ㅂ

แห้ง 마르다
행

ถึง 도착하다
틍

ลง (교통수단) 내리다
롱

미니 테스트

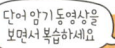

단어 암기 동영상을
보면서 복습하세요

1 다음 단어의 뜻을 적어 보세요.

1 ใหญ่ _____   2 เล็ก _____

3 แคบ _____   4 กว้าง _____

5 อ้วน _____   6 ผอม _____

2 다음 뜻을 태국어로 써 보세요.

1 밝다 _____   2 어둡다 _____

3 빠르다 _____   4 느리다 _____

5 게으르다 _____   6 부지런하다 _____

3 태국어와 우리말 뜻을 알맞게 연결해 보세요.

1 ง่าย　　　　•　　　　• ① 자다

2 ยาก　　　　•　　　　• ② (잠에서) 깨다

3 นอน　　　　•　　　　• ③ 쉽다

4 ตื่น　　　　•　　　　• ④ 어렵다

5 เปียก　　　　•　　　　• ⑤ 젖다

---

1 1. 크다 2. 작다 3. 좁다 4. 넓다 5. 뚱뚱하다 6. 날씬하다
2 1. สว่าง 2. มืด 3. เร็ว 4. ช้า 5. ขี้เกียจ 6. ขยัน
3 1. ③ 2. ④ 3. ① 4. ② 5. ⑤

วันที่ **30** 왕초보 필수 반대말

스피드 인덱스

가

가게	112
가게, 상점	109
가격	109
가격표	111
가구	80
가까이 가지 마시오	136
가난하다	202
가다	19, 199
가래	164
가르치다	38
가뭄	70
가발	52
가볍다	154, 199
가스레인지	83
가습기	82
가운	142
가운데	124
가을	67
가이드	135
가장자리	124
간식	89
간호사	160
갈색머리	52
감동받다	58
갓난아기	61, 64
강	75
강당	40
강수량	70
강아지	76
강의, 강연	40
개수	27
개수대	83
거북이	76
거스름돈	110
거울	97
걱정하다	56
건강	159
건강 검진	164
건강한	161
건너편	124
건물, 빌딩	81
검사하다	164
검색하다, 찾다	187
게으르다	202
겨울	67
견학	40
결과	161
결석하다	40
결승전	176
결함이 있다	112
결혼반지	64
결혼식	64
결혼하다	62, 64
경기	173
경비원	84, 196
경유	106
경쟁하다	176
경찰서	196
계단	81
계산기	27
계산대	112
계약서	44
계절	67
계좌	152
고구마 라테	148
고독하다	58
고등학교	40
고래	76
고르다	112
고속도로	120
고용하다, 채용하다	44
고장나다	129
고치다	168
골목	117, 196
곰	76
곱슬머리의	49
곱하기	27
공부하다	21
공연	135
공예품	136
공원	136
공장	45, 196
공지	106
공항	103
공항철도	130
과 가까운 곳	124

204

과목	37
과부	64
과수원	76
과식하다	92
과일	88
관객	176
광고	112
교감	40
교수	196
교실	36
교육 과정	40
교장	40
교차로, 사거리	120
교통	120
교통 정체	115
교통경찰	120
교환하다	112
구강 청정제	82
구급상자	164
구급차	164
구내식당	40
구름이 끼다	69
구매	112
구토	164
국(탕)	88
국내선	106
국제선	106
국회의원	196
굳어지다	142
굴뚝	84
궁금하다	58
귀가하다; 테이크아웃	145
귀걸이	100
귀중품	130, 140
그리다	167
그리워하다, 보고 싶다	57
그린티 프라푸치노	148
그림	170
극장	136
근교	84
근무일	46
근육질의	52
근처	124
금고, 귀중품 보관소	156
금발머리	52
금연	130, 136
기념관	136
기념일	64
기념품	136
기다리다	118, 139
기르다	73
기말고사	40
기분상하다	55
기쁘다	58
기숙사	40
기온	68
기입하다	106
기차역	117
기침	164
기후	70
긴장을 풀다, 완화하다	142
긴장하다	55
길을 잃다	118, 136
깨끗하다	202
깨다	202
깨다, 일어나다	19
깨우다	19
꽃	74
꽃꽂이	170
꽃무늬의	100
꽉 매다	106
꾸미다	84
끓이다, 삶다	92
끝나다	202
끝자리가 0으로 끝나는 수	27

나

나누기	27
나무	74
나뭇잎	74
나이	64
낙제하다	40
낚시를 하다	170
난방기	70
날씨	67
날씬하다	202
날씬한	51

날짜	32	
낡다, 오래되다	201	
남성 중매인	64	
남자	64	
남자 승무원	106	
남자(여자) 친구, 애인	64	
남자, 남성	196	
남편	62	
낫다	164	
낮	200	
낮다	201	
낮잠을 자다	22	
내년	32	
내리다	202	
내비게이션	118	
냄비	83	
냄새, 향	140	
냉장고	83	
너무, 많이	192	
넓다	201	
넘다, 많다	195	
네일숍	100	
년	32	
노선도	120	
녹차	148	
놀라다	57	
놀라워하다	57	
놀이방	40	
높다	201	
뇌물	191	
뇌우	70
눈꺼풀	52
눈보라	70
눈사람	70
눈싸움	70
눕다; 자다	139
느끼다	55, 162
느리다	202
늙다	63
능숙한	170
늦다	29, 118

다

다 팔리다	111
다락방	84
다리	120
다리를 벌리다	142
다시 전화하다, 회답 전화하다	180
다운로드하다, 내려받다	185
다음	117
다음 달	32
다음 주	32
다이아몬드	96
다이어트	87
다투다	62
단, 달콤한	92
단련하다, 훈련하다	176
단체	136
단추	100
단풍나무	76

닫다	202
달	32
달리다, 뛰다	173
담당자, 관계자	196
담보	156
담요	82
당	133
당기다	141
당뇨병	164
당혹하다	58
당황스럽다	58
대기 오염	70
대기실	120
대다수, 대부분	27
대답하다	38
대륙	76
대머리의	49
대문, 현관문	84
대양	76
대중교통	116
대출	156
대출금, 융자금	156
대학교	40, 196
대학생	196
대학원	40
대회, 시합	174
댓글	181
더럽다	202
더블룸	128
더하기	27

던지다	173
덜 익은(익지 않은)	89
덥다	68, 202
데이트	64
도로	115
도로 표지판	120
도로, 길	196
도마	83
도매	112
도서관	39
도시	84
도자기 빚기	170
도착	106
도착하다	202
독보적이다(남성)	192
독보적이다(여성)	192
돈	151
돌아가다	20
돌아가시다	64
돌아눕다	140
동네	81
동물	73
동물원	136
동아리(서클)	39
동안	50
동전	156
동틀 녘, 이른 새벽	29
두려움	58
두려워하다	58
두통	164

드래그하다, 끌고 가다	188
드레싱	147
듣다	20
들리다	180
들판	75
디저트, 후식	88
따뜻한	70
딴소리하다	195
땅	76
뚱뚱하다	202
뛰지 마시오	136
뜨개질 하기	170

라

라벨, 택	112
라지 사이즈	147
램프	82
러시아워, 혼잡 시간	120
로그인하다	188
룸서비스	127
리필	145
링크	188

마

마르다	202
마사지	100
마사지사	139
마술을 보여주다	170
마음에 들다	55

마지못해	58
마키아토	148
막상막하이다	175
만족하다	58
만지다	194
만지지 마시오	136
많다	199
맑은	70
맛	89
맛있는	89
매트	142
매표소	106
맥박	164
맨 아래	124
맨 위	124
머그컵	83
머리 고무줄	100
머리 관리	100
머리 스타일	49
머리띠	100
머리를 감다	22
머리를 말리다	22
머리를 빗다	22
머리핀	100
먹다	20
먹통인, 연락이 안되는	182
멋지다, 최고다	192
멍	164
메뉴(판)	87
메달	176

메시지를 남기다	182	
며칠	32	
면도기	82	
면도를 하다	22	
면세점	106	
면접, 인터뷰	45	
명함	46	
몇몇	27	
모니터	188	
모닝콜	128	
모델, 모형	170	
모든 곳	124	
모으다, 수집하다	168	
모카 프라푸치노	148	
모퉁이	117, 124	
목걸이	100	
목공예	170	
목욕하다	22	
목적지	106	
목초지	76	
몰래 ~하다	195	
몰입하다	191	
몸	49	
몸매가 좋은	52	
몸무게, 체중	51	
몹시 추운	70	
무겁다	154, 199	
무덤	64	
무릎	50	
무선 마우스	188	
무섭다	58	
무슨 요일	32	
무승부	176	
무지개	70	
문	79	
문서	186	
문양	100	
문자	179	
묻다	38	
물고기	73	
물방울무늬	100	
물을 주다	74	
뮤지컬	170	
미니스커트	136	
미소 짓다	57	
미안한, 유감인	56	
미용실	100	
미워하다	56	
미혼의	63	
믹서	83	
민무늬	100	
민소매	136	
민트 프라푸치노	148	
밀리미터	196	

바

바깥	124	
바느질하기	170	
바닐라 라테	148	
바닐라 프라푸치노	148	
바다	76, 135	
바닥	80	
바닥을 닦다	22	
바람	69	
바람맞다(차이다)	194	
바람피우다, 외도하다	64	
바쁘다	43	
바이러스	188	
박물관	136	
박수를 치다	176	
반 친구(급우)	40	
반갑다	58	
반듯이(위를 보고)눕다	141	
반송	156	
반지	100	
받다	153	
발 마사지	142	
발레	170	
발로 차다	174	
발명하다	170	
발목	50	
발신인	156	
발진	164	
발톱	52	
발표, 프레젠테이션	43	
밝다	202	
밤	29, 200	
밥상을 차리다	22	
방	79	
방 번호	130	

방을 청소하다	130	병원에 가다	164	분실하다	130, 136
방콕	196	병원에 실려 가다	164	불량 식품	92
방학	38	보건부	196	불력(서력+543년)	32, 196
방향을 바꾸다	120	보내다	153	불면증	164
방화벽	188	보내다, 배달하다	147	불쾌하다	58
배달비	147	보너스	46	불평(하소연)하다	160
백합	76	보다	20	불행하다	58
뱀	76	보안 검사대	106	붓기, 부종	164
버리지 마시오	136	보행자	120	붙박이장	82
버스 정류장	115	복도	127	뷰포인트	136
번개	70	복도 쪽 좌석	106	브로치	100
번호	27	복사기	46	블라인드	82
벌(세트)	95	복장	134	블로거	181
벌다	152	볶다, 지지다	92	블로그	182
벌레, 곤충	73	봄	67	블루베리 라테	148
법	196	봉투	153	비	68
벗다	95	부끄러워하다	58	비누	82
베개	82, 142	부동산 중개소	84	비닐봉지	156
베란다	84	부동산 중개인	84	비밀번호	152
벨트	100	부러워하다	58	비바람	70
벽	80	부르다	120	비싸다	109
벽걸이 텔레비전	83	부상을 당하다	163	비얼음	70
벽난로	83	부서	196	비옷	69
벽시계	29	부자이다	202	비자	106, 136
벽지	84	부지런하다	202	비참하다	58
변기	82	부팅하다	188	비행기 조종사	106
별거하다	64	분	29	비행기를 타다	104
별을 관찰하다	170	분수	27	빈방	129
병, 질병	161	분실물	136	빈털터리가 되다	195
병원	159, 196	분실물 신고센터	136	빗	82

빠르다	202	산	75	섭씨의	70
빨대	146	살살	139	성인	64
빨래하다	21	살이 빠지다	52	성적	40
빵	88	살이 찌다	52	성적표	40
빵을 굽다	92	삼각관계	191	세게	140
빼기	27	상	174	세관	106
뺨	52	상반신	142	세관 신고서	106
뻐근하다	140	상어	76	세금	112
뾰루지	52	상자	153	세기	32
뿌리	76	상품	112	세다, 건강하다	200
		새	73	세다, 셈을 하다	27
		새끼 고양이	76	세면대	82

사

		새롭다	96, 201	세수하다	19
사고	116	색, 색깔	96	세입자	84
사다, 구입하다	109	생일	63	세탁 서비스	130
사랑	62	샤워(목욕)하다	20	센티미터	196
사랑스럽다(귀엽다)	194	샴푸	82	소개팅	64
사랑에 빠지다	64	서랍장	82	소금	92
사무실	45	서력	196	소나기	70
사방	124	서력(불력-543년)	32	소나무	76
사이	124	서비스	104, 142	소매	100, 112
사이드 테이블	82	선글라스	134	소설을 쓰다	170
사이즈	145	선수	176	소셜 미디어	181
사이즈, 치수	96	선인장	76	소수	27
사인, 서명	152	선크림	134	소지품	142
사자	76	선풍기	70	소파	83
사전	39	설거지하다	21	소포	153
사진	169	설치하다	186	소풍	40
사진 찍다	134	설탕	92	속눈썹	52
사진을 찍다	170	섬	75	속달 우편	156
삭제하다, 지우다	186				

속옷	100	
손가락	49	
손님, 고객	110	
손톱	52	
쇼, 공연	170	
쇼핑 목록	112	
쇼핑 중독자	112	
쇼핑 카트	112	
쇼핑센터	112	
수건	82	
수도꼭지	82	
수리하다, 수선하다	84	
수수께끼	169	
수수료	156	
수술하다	164	
수신인	156	
수업	36, 40	
수영장	128, 176	
수표	156	
수하물 찾는 곳	106	
숙박요금	130	
숙제	37	
순번, 차례, 줄	152	
숟가락	83	
숫자	27	
숲	75	
쉽다	202	
슈크림 에스프레소	148	
슈퍼마켓	112	
스마트폰	182	

스웨디쉬마사지	142
스캐너	188
스크럽	142
스크린	188
스타일	100
스트레스	162
스트레칭하다	142
스파	142
스팸(메시지)	180
슬프다	55, 58
승객	116
승자	176
시	29
시간	29, 196
시간을 보내다	167
시간을 엄수하는	29
시간제한	29
시간표	120
시계손가락	196
시골	84
시내 중심	84
시럽	145
시스템 오류	188
시원하다	68, 142
시작하다	202
시차	106
시험	36
시험 점수	40
시험공부를 하다	40
시험을 통과하다	40

식기세척기	83
식물	76
식습관	92
신나다, 흥분하다	57
신랑, 약혼자	64
신부, 약혼녀	64
신분증	130, 151
신용카드	112
신의 경지(강조)	194
신이 나다	193
신호등	120
실망하다	58
실명	182
실시간	187
실행을 취소하다	188
싫어하다	202
심다	74
심판	176
십 대의	61
싱글룸	128
싱글베드	130
싸다	109
쌀쌀하다	68
쓰나미	70
쓰다	92
쓰다(적다)	39
씨, 씨앗	74

아

아기 방	84

아내	62	야생 동물	76	엘리베이터	81
아래층	84	약	159	여기	124
아로마테라피	142	약하다, 허약하다	200	여드름	52
아름다운	51	약한, 허약한	161	여러 개의	27
아마추어	176	약혼하다	64	여름	67
아메리카노	145, 148	양념, 향신료	92	여름학교	40
아웃렛, 직판점	112	양말	96	여성 중매인	64
아이스 링크	176	양수	27	여자	64
아주 편리한	154	양호실	40	여자 승무원	106
아침밥	87	어둡다	202	여자, 여성	196
아침을 먹다	22	어디든, 아무 데나	124	여행 가방	106
아파트	79	어렵다	202	여행 프로그램	133
아프다	159, 160	어른	62	여행자보험	135
악기	169	어리석다	193	역	116
악어	76	어린 시절	63	연결	188
안(속)	124	어린이, 아이	61	연결이 끊기다	188
안내(게시)하다	105	어서; 초대하다	139	연극	170
안마의자	142	어플리케이션	127	연금	46
안심하는	58	언덕	76	연락, 연락처	180
안전 금고	156	언제	29	연락하다	182
안전벨트	116	얼굴	52	연을 날리다	170
알레르기	162	얼그레이	148	연주하다	169
암	164	얼마	110	연하다	200
암벽 타기	170	업그레이드	188	열다	202
애교 부리다	193	업데이트하다	188	열성 팬	192
애완동물	73	업로드하다, (파일을) 올리다	188	엽서	156
애완용품점	112	엎드리다	141	영수증	111
액세서리, 장신구	100	에 참여하다	176	영화	167
앱	182	에스프레소	148	영화를 만들다	170
야구장	176	에어컨	70	옆으로 눕다	141

예금하다	151	외롭다	58	웨딩 케이크	64
예매하다	103	외우다	40	웹 사이트	186
예쁘다	202	요리	92	위생 마스크	70
예약	127	요리하다	21	위층	84
오다	19, 199	욕조	129	유기농의	88
오리	76	우박	70	유선 전화	182
오븐	83	우산	69	유치원	40
오전	29	우습다	58	유쾌하다	58
오전, 아침	29	우울(침울)하다	58	유턴하다	120
오전에	29	우울증	164	유통기한	112
오페라	170	우체국 소인	156	유튜버	182
오프라인	188	우체부	156	유튜브	182
오픈(개관)	133	우편번호	156	유행을 따르는	100
오후	29	우편함	84	유행을 따르다	98
옥상	80	운동	173	유행이다	95
온라인	187	운동 장비	176	육교	120
온라인 게임을 하다	170	운전 중인	120	육류	92
온수	130	운전면허증	120	육상 경기장	176
올림픽	176	운전자, 기사	120	육지	76
올해	32	운전하다	120	은행	151, 196
옷(상의)	95	울다	56	을 끄다	188
옷깃, 칼라	100	울렁거림, 구역	164	을 찾다, 발견하다	110
옷을 갈아입다	139	울타리	84	을 켜다	185
옷을 벗다	22	움직이다	141	음료	89
옷을 입다	19	웃기다	193	음성 메시지	182
와 어울리다	98	워터마크	188	음수	27
와이파이	130	원숭이	76	음식	87
와이파이(Wi-Fi)	187	원한	58	음주운전하다	120
왕궁	134	월급	44	응급 상황	164
왕복	106	월세	84	응용 프로그램	182

응원단	176	익명	182	자라다	61
의사	159	익히다	92	자명종	82
의사소통하다	181	인도, 보도	120	자몽 에이드	148
이, 이빨	52	인상 깊다	58	자바칩 프라푸치노	148
이기다	174	인생(삶)	61	자신만만하다	58
이륙하다	104	인생, 삶	63	자연	75
이마	52	인출하다	151	자정	29
이메일	180	인터넷	130, 186	작년	32
이메일 계정	182	인터넷 뱅킹	156	작성하다	105
이메일 주소	182	인터넷 서핑	188	잠들다	22
이메일 첨부 문서	182	일기예보	70	잠자리에 들다	21
이메일을 받다	182	일련번호	27	잡다	141
이메일을 보내다	182	일방통행	117	잡초	76
이메일을 삭제하다	182	일자리	43	잡치다	192
이메일을 쓰다	182	일정, 스케줄	45	장관,국장,이사장	196
이메일을 읽다	182	일하다, 근무하다	43	장례식	64
이메일을 확인하다	182	읽다	20	장마철	70
이발사	100	잃어버리다	104	장미	76
이발소	100	임시	133	장식하다	84
이번 달	32	임신하다	64	장학금	40
이번 주	32	입다(쓰다, 신다)	95	재고가 없다	111
이별하다, 이혼하다	191	입력하다	188	재시작하다	188
이사하다	80	입술	52	재채기	164
이상하다	57	입어보다	97	쟁반	83
이상형	193	입원하다	164	저금통	156
이용자 아이디	188	입장권	133	저기	124
이자	152	입학하다	36	저녁	29
이체하다	156			저녁밥	87
이해하다	39	**자**		저녁을 먹다	22
이혼하다	64,191	자다	202	저울	156

저작권	187	젓가락	83	주소	81
저장하다	188	정가운데	124	주식(주요리)	92
적다	199	정각	29	주위	124
적당하다	140	정보	187	주유소	120
적립 카드	156	정시에	29, 116	주장	176
적수, 상대	176	정오	29	주차장	81
전공	37	정원	79	주차하다	115
전기담요	82	정원 가꾸기	170	죽다	63
전망, 뷰	129	젖다	202	준비운동	176
전보	156	제과(제빵) 하다	170	줄기	76
전시회	133	제시간보다 일찍	29	줄무늬	100
전염되다	163	조각 케이크	146	줄을 서다	154
전율하다	58	조각하기	170	중간고사	40
전자 서명	188	조리법	89	중학교	40
전자레인지	83	조식	128	즉석요리(패스트푸드)	92
전자상가	112	졸리다	160	즐겁다	58
전화 통화하다	182	졸업하다	36	증상	164
전화, 전화기	179	좁다	201	증오	58
전화가 울리다	182	종이봉투	156	지갑	96
전화를 끊다	182	종이접기를 하다	170	지구 온난화	70
전화를 받다	182	종착역	120	지금	29
전화번호	180	좋아하다	167, 202	지난달	32
전화요금 고지서	182	좌석	117	지난주	32
전화하다	179	주	32	지다	174
점	52	주경기장, 스타디움	176	지도	118
점심밥	87	주근깨	52	지루하다, 심심하다	58
점심을 먹다	22	주름	51	지문	52
점프하다, 뛰어오르다	173	주말	32	지불하다	110
접속	186	주머니, 호주머니	100	지원하다	45
접시	83	주문하다	110	지지난 주	32

지진	70		차선	120		체크무늬	100
지퍼	100		착륙하다	104		체크아웃	127
지폐	156		착용 금지	136		체크인	127
지하도	120		참나무	76		초	29
지하실	84		찻잔	83		초과 근무를 하다	46
직모	52		창구 직원	151		초등학교	40
직장 동료	44		창문	79		초인종	84
직장 상사	44		창백하다	163		초코 라테	148
직항편	105		창작하다	170		초코 프라푸치노	148
진눈깨비	70		창피해하다	58		촬영 금지	136
진단	164		채소	88		최근에	32
진료 예약	161		채식주의	92		추하다	202
진하다	200		채팅하다	194		축하하다	176
질투하다	58		책장	83		출구	135
짐, 화물	103		처방	164		출근하다	46
집	79		처방전	164		출발	106
집주인	84		천	100		출발역	120
짜다	92		천둥	70		출발하다	202
짜증 나다	58, 191		천식	164		출산하다	64
짝수의	27		천장	80		출입 금지	136
쪼그라들다	50		철거하다	84		출입국 심사대	106
쪽	124		철로	120		출입국관리소	196
쪽, 길, 방향	118		첨부하다	181		출장	43
찌다	92		청바지	95		춤추다	168
			청소기	83		춥다	202
차			청소하다	21, 22		충격받다	58
차, 자동차	115		청혼하다	64		취미	167
차갑다	68		체리 에이드	148		취소하다	130
차고	84		체온	164		취직하다	46
차량을 운전하다	115		체육관	174		치과에 가다	164

치료	163
치료를 받다	164
치실	82
치약	82
치통	161
침대 시트	82
침대에서 일어나다	22
칫솔	82

카

카운터	142
카카오 크림 모카	148
카탈로그	112
카페 모카	148
카페라테	148
카페인	146
카펫, 양탄자	83
칼	83
캐러멜 라테	148
캐러멜 마키아토	148
캐러멜 모카	148
캐러멜 프라푸치노	148
캐리어	130
캠핑, 야영	168
커트(이발)하다	98
커피	145
컴퓨터	185
컵	83
코끼리	76
코스	135

코치	176
코트	176
콘서트, 음악회	168
콘센트	84
콧구멍	52
콧수염	52
쾌활(명랑)하다	193
쿠폰	112
큰돈을 벌다	156
클릭하다	185
키가 큰	51
키보드, 자판	188
키카드	130
킬로그램	196
킬로미터	196

타

타다	202
타이트하다	97
탁상시계	29
탁자	83
탈것	120
탈의실	100, 142
탑승권	106
태어나다	61
태풍	70
택배	156
터널	120
턱	52
턱수염	52

토끼	76
토너먼트	176
토네이도	70
토스터	83
토핑	147
통과하다	124
통로	104
통역사	130
통장	156
통행 금지	136
통화 중인	182
퇴원하다	164
퇴직하다, 은퇴하다	44
투어	134
튤립	76
트로피	176
트윈베드	130
팁	129, 142

파

파마	100
파마머리	52
파일	185
파티를 열다	170
판매자	112
팔꿈치	52
팔다	109
팔목	52
팔찌	100
패스트푸드	92

패스트푸드점	147	
패자	176	
패턴	100	
퍼센트 할인	112	
퍼즐을 풀다	170	
편, 부, 통	196	
편도	106	
편지	153	
편하다(쉽다)	194	
평일	32	
포스팅	181	
포장하다	111, 112	
포크	83	
폭주족	191	
폭풍	70	
폭풍(우)	69	
표, 티켓	103	
풀네임	182	
품질보증	112	
프라이팬	83	
프라푸치노	148	
프로	176	
프로그램	185	
플랫폼, 승강장	120	
피	163	
피규어를 수집하다	170	
피부	50	
피부 관리	100	
피자	146	
피트니스룸	128	

하

하마	76
하반신	142
하이킹, 도보 여행	168
학교	36
학교 / 호텔	196
학기	38
학년	38
학생식당	40
학위	40
한가하다	167
할인	111
할인점	112
합류하다, 함께하다	173
핫초코	148
항공	103
항공사	106
항구	120
해 보이다	51
해 질 녘, 일몰	29
해바라기	76
해산물	91
해상도	188
해커	188
해킹하다	188
햄버거	146
햄스터	76
행복하다	55
행운의 숫자	27
행인	120

향초	142
허리	50
허리케인	70
허벅지	52
허브 마사지	142
헐렁하다, 느슨하다	97
헤어드라이어	82
헤어스타일	100
헤어지다	64
혀	49
현금	111
현금입출금기	156
혈압	164
혐오스럽다	58
호수	76
혼란스럽다	58
홀수의	27
홀아비	64
홍차 라테	148
화나다	56
화내다	58
화씨의	70
화이트 모카	148
화장대	82
화장을 하다	22
화장품	98
화재 경보기	84, 129
화창하다	69
확인하다	103
확인하다, 점검하다	105

환불하다	111, 112, 136	★숫자	24~26
환율	156	★시간	28
환자	159	★날짜	30~31
환전	130		
환전하다	136		
환호(갈채)를 보내다	176		
활주로	106		
황사	70		
회사	45		
회사바트 집	196		
회원 카드	154		
회의	43		
횡단보도	120		
후회하다	58		
훈제하다	92		
휘핑크림	146		
휴가	46		
휴대 전화	179		
휴대용 수화물	106		
휴식을 취하다(쉬다)	163		
휴일	46		
흥미롭다	56		

기타

1등	146
1박2일	128
2등	146
3등	146
5성급	128